L'Amitié selon Aristote

Direction éditoriale : Stéphane Chabenat
Éditrice : Charlotte Sperber
Conception graphique et mise en pages : Nord Compo
Conception graphique de la couverture : 2Li

Les éditions de **l'Opportun**
16, rue Dupetit-Thouars
75 003 Paris
www.editionsopportun.com

Sonia Perbal et Christophe Brichant

L'Amitié selon Aristote

Les éditions de **l'Opportun**

Sommaire

À chaque étoile qui forme la constellation
de notre famille recomposée,
À notre famille et à tous nos amis.

Introduction

L'amitié se traduit en grec par *philia*. Ce terme ne recouvre pas exactement la même réalité que l'amitié dans notre culture. En effet, le mot *philia* possède une extension plus importante que le mot « amitié » en français. Si l'on évoque les différents degrés de la *philia*, on se rend compte qu'elle peut signifier « amitié », « inclination », « sympathie » et « amour » au sens large, voire selon le contexte, « empathie », « bienveillance », « concorde », « sentiment », « tendresse », « passion », « générosité », « affection ». Dans le monde grec, l'amour sensuel et le désir amoureux sont pris en charge par le concept d'Éros. La *philia* représente toutes sortes d'attachements. Ainsi les relations entre le père et son fils, la camaraderie, les liens politiques, les sociétés créées en vue de certains buts particuliers sont-ils des formes de l'amitié. La *philia* peut donc être également l'amour paternel, fraternel, maternel, conjugal…

Les manuscrits d'Aristote n'ont jamais été retrouvés. On ne connaît ses pensées que par des travaux de traducteurs, établis pour des publications éditées plusieurs siècles après la mort du philosophe grec.

Nous avons choisi de prendre pour source l'*Éthique à Nicomaque* d'Aristote dans lequel il traite largement de l'amitié. Nous avons exploré trois éditions de cet ouvrage.

La version que nous avons retenue pour les citations est celle de Jean-François Thurot (1823), car elle nous est apparue comme la plus littéraire[1]. Nous lui avons également donné notre préférence car cette traduction, assez littérale, nous a semblé plus facile d'accès et plus fidèle au texte et à l'esprit d'Aristote. Les deux autres traductions[2] nous ont surtout servi à mieux cerner certains passages, et à préciser certaines références du philosophe.

Sénèque nous est d'un grand secours lorsqu'il nous livre son secret pour élargir son cercle d'amis : convoquer par nos lectures, les penseurs que l'on aime et engager avec eux un dialogue imaginaire.

« *Quel bonheur, quelle belle vieillesse attend celui qui a rejoint* (par la lecture) *le cercle de leurs relations ! Il aura des amis avec qui discuter des plus minimes ou des plus importants sujets, qu'il consultera quotidiennement, (...), amis auxquels il pourra s'efforcer de ressembler [...].*

Par conséquent la vie du sage offre de vastes perspectives ; [...] lui seul est dégagé des lois du genre humain ; tous les siècles lui sont dociles comme à un dieu. Une période est-elle passée ? Il s'en saisit par la mémoire. Présente ? Il en use au mieux. Est-elle à venir ? Il l'anticipe. Il se fait une longue vie par conjugaison de tous les temps en un seul[3]. »

---

1. *La Morale et la politique d'Aristote*, traduites du grec par M. Thurot, Firmin Didot, Paris, 1823.
2. Aristote, *Éthique à Nicomaque*, traduction et présentation de Richard Bodéüs, Garnier Flammarion, 2004.
Aristote, *Éthique à Nicomaque*, traduction de J. Barthélémy-Saint-Hilaire, revue par Alfredo Gomez-Muller, Le Livre de Poche, 1992.
3. Sénèque, *Sur la brièveté de la vie*, Arléa, 1990, Partie X.

C'est un peu ce que nous proposons de faire avec vous, grâce à Aristote : nous entretenir avec lui du sujet de l'amitié, sans nous priver de convier ponctuellement d'autres auteurs.

Nota bene : les 99 citations d'Aristote sont écrites en italique. Vous les retrouverez dans le sommaire, en pages 5, 6, 7 et 8.

1

Les amis (pré)servent votre réputation

Aussi n'y a-t-il que l'amitié des gens de bien qui soit à l'abri de la calomnie : car il ne leur est pas facile d'en croire qui que ce soit sur le compte d'un ami longtemps éprouvé ; au contraire, ils sont unis par la plus entière confiance ; ils sont incapables d'avoir jamais un tort les uns à l'égard des autres.

On le sait, c'est dans l'adversité que souvent se mesure une véritable amitié. Constat que le poète latin, Publilius Syrus[4], contemporain de César, n'a pas manqué de faire : « *La prospérité fait abonder les amis. L'adversité les jauge et les passe au tamis.* »

La rumeur et la calomnie n'ont pas de prise sur un ami. C'est une des plus merveilleuses vertus de l'amitié, savoir qu'un alter ego nous connaît presque et parfois même mieux que nous-mêmes.

4. Publilius Syrus (85 av. J.-C. - 43 av. J.-C.) est un poète latin connu pour ses maximes moqueuses et moralisantes. *Fables de Phèdre, suivies des œuvres d'Avianus, de Denys Caton et de Publius Syrus*, Traduit par Jules Chenu, C.-L.-F. Panckoucke, Garnier-Frères, Paris, 1864.

Cicéron s'inscrit dans la même perspective lorsqu'il écrit : « *Parmi les nombreux et solides avantages de l'amitié, le plus précieux, à mon avis, est de nous donner confiance en l'avenir, et de ne point laisser les esprits se décourager et s'abattre. Avoir un ami, c'est avoir un autre soi-même.* »

C'est un peu, au fond, comme si tout ce qui fait de nous ce que nous sommes était sauvegardé, précieusement mis à l'abri, dans le cœur et l'esprit d'un ami. Le disque dur de notre identité et de notre mémoire pourrait s'effacer, nous survivrions quand même dans notre alter ego. Un ami véritable est fondamentalement et naturellement un témoin de moralité.

L'ami est le berger de notre histoire et de notre personnalité. L'amitié reste imperméable au dénigrement. Cela ne signifie pas bien entendu que l'amitié soit aveugle. Si l'homme vertueux est capable d'autocritique, s'il est en mesure de porter un regard lucide sur ses propres actes, alors il sera à l'égard de son ami dans les mêmes dispositions qu'avec lui-même. Les amis sont les gens qui vous disent les choses en face et qui vous défendent dans votre dos !

Aristote s'est toujours efforcé de s'appliquer à lui-même les principes qu'il défendait. Il a ainsi gardé son amitié à Philippe de Macédoine, dont il avait été le camarade de jeu dès sa prime enfance. Lorsque Philippe prit plus tard les rênes du pouvoir en l'exerçant parfois de manière brutale et autoritaire, il ne s'est jamais dédit de son sentiment. Il a su lui rester fidèle malgré d'évidentes et criantes divergences d'opinion. Jusqu'à la fin, le philosophe a essayé de prodiguer des conseils à son ami, même si celui-ci, en vieillissant, les suivait de moins en moins.

Henri Fauconnier ne dit pas autre chose : « *Le signe de l'amitié, c'est de dire la vérité et de l'entendre.* »

Les hommes vertueux s'aiment pour eux-mêmes et non pour un avantage que leur procurerait ce lien.

C'est aussi ce que proclame Tahar Ben Jelloun dans son *Éloge de l'amitié* :

« *Je considère qu'un ami est celui qui ne ment pas, ne fait pas semblant et parle avec toute la sincérité, la franchise que l'amitié véritable requiert. C'est ce que j'appelle l'exigence amicale : dire ce qu'on pense sans, bien sûr, être blessant.* »

Encore une fois, Aristote distingue l'amitié essentielle de l'amitié accidentelle. La *philia* lorsqu'elle est fondée sur un partage d'intérêts ou de plaisirs, est fragile et changeante comme le sont les intérêts et les plaisirs sur laquelle elle repose. Dans ce cas, ces sortes d'amitié peuvent devenir la proie de diffamation et de médisances. Sacha Guitry avec humour disait à propos des calomniateurs : « *Si ceux qui disent du mal de moi savaient exactement ce que je pense d'eux, ils en diraient bien davantage !* »

Oui, les *fake news* ont toujours existé. On les appelait, campagnes infamantes ou calomnieuses, rumeurs, ragots… mais leur nature était la même : colporter des mensonges afin de nuire à quelqu'un et attenter à sa réputation. L'intox ne date pas d'hier !

"

Ce n'est pas parce qu'ils sont nombreux à avoir tort qu'ils ont raison.

COLUCHE

"

Coup d'œil étymologique

La déesse Arété est la sœur d'Harmonie et la fille de la déesse de la justice (Praxidiké). Le nom grec de la vertu est *Arété* qui nous vient de *Árês* (Arès, dieu de la guerre), et désigne la vertu qui se nomme en latin *virtus*. *Vir-tus* désigne chez les Romains, une qualité martiale, masculine ; apparentée au latin *ars* (« art, talent »).

Cette famille de mots révèle l'esprit grec qui ne sépare pas la vertu de l'utile, et qui la pare de l'attrait du plaisir. *L'arété* correspond à l'aptitude à accomplir à la perfection une tâche. La notion d'excellence y est induite. La vertu et le mérite auxquels elle correspond, impliquent dans le monde grec, la renommée. *Arété* possède d'ailleurs le sens second de « glorieuse renommée ».

2

L'amitié, mention « Très bien »

> *D'ailleurs, aimer son ami, c'est aimer ce qui nous est bon ; car l'homme vertueux, quand il est devenu ami, est un bien véritable pour celui qu'il aime. Chacun d'eux aime donc ce qui est un bien pour lui-même, et rend la pareille à son ami, en bienveillance et en agrément. Car l'amitié s'appelle aussi égalité ; mais c'est surtout dans celle des hommes vertueux que cela peut se rencontrer.*

L'amitié entretient la concorde – qui est la forme politique de l'amitié – et elle encourage la bienfaisance, nous dit Aristote. L'amitié requiert et favorise en même temps la vertu. C'est elle qui pousse le couard à devenir courageux pour aider son ami ou qui motive l'avare afin qu'il se montre généreux. L'amitié prédispose à l'égalité et à la réciprocité. Elle se réalise dans l'action et encourage à aimer l'autre pour lui-même.

L'égalité dont parle Aristote n'a rien à voir avec une égalité intellectuelle, encore moins une égalité sociale. Non, ce que le philosophe avance, c'est que le souci d'égalité et d'équité constitue souvent la boussole de la *philia*.

“

**Une amitié véritable,
c'est celle qui repose avant tout
sur la communion aux mêmes principes
et à la poursuite d'un même idéal.**

Gustave Thibon[5].

”

5. Gustave Thibon, *Destin de l'homme*, Paris, ed. desclée de Brouwer p.32. Gustave Thibon (1903-2001). Gustave Thibon est un poète et philosophe catholique qui s'est notamment consacré à l'étude des œuvres de saint Thomas d'Aquin et de saint Jean de la Croix.

3

La légalité de l'amitié, c'est l'égalité

> *Il n'y a une sorte d'égalité que lorsque l'attachement est proportionné au mérite, et cette égalité est le caractère propre de l'amitié.*

Pour Aristote, l'amitié repose sur la pierre angulaire de l'égalité. Pour lui, la justice constitue en soi le rétablissement d'une juste égalité. Il importe donc toujours que l'amitié soit fondée sur une forme d'égalité.

Ainsi, il paraît bien difficile pour un homme qui est au pouvoir d'avoir un ami qui ait autant de mérite que lui. En effet dans pareille hypothèse, le roi serait obligé de traiter son ami comme un égal, un alter ego, ce qui viendrait en contradiction avec le statut même du roi. En outre, un véritable ami doit souhaiter à son ami le plus grand bien et agir en conséquence. Combien d'« affaires d'État » ne sont-elles pas nées de la confusion entre la sphère privée et publique ? Combien de « grenouillages » ne trouvent-ils pas leurs racines dans un amalgame entre le devoir et les intérêts particuliers ?

Il suffira d'égrener quelques affaires pour se rendre compte qu'à chaque fois « une relation personnelle ou amicale » est venue brouiller une décision politique. Toutes renvoient à l'idée de la trahison d'une relation amicale. Les affaires Alexandre Benalla, Patrick Buisson, Clearstream et la trahison de Dominique de Villepin, Karachi, Christian Nucci, Pierre Botton…

“

Il ne peut y avoir de réelles amitiés qu'entre ceux qui ont d'abord foi dans les mêmes valeurs.

Louis Lavelle[6].

”

6. Louis Lavelle, « Un Journal métaphysique », dans *Le Moi et son destin*, Paris, Aubier, 1936, pp. 51-67.
Louis Lavelle, (1883-1951), philosophe français, est un des métaphysiciens français majeurs du XXe siècle.

4

Alter ego ou alter écho, et alter égaux

L'égalité et la ressemblance sont des conditions de l'amitié, surtout dans ceux qui se ressemblent sous le rapport de la vertu.

« *L'amitié disparaît où l'égalité cesse* », nous dit l'abbé Aubert[7].

L'amitié première est celle de deux hommes semblables en vertu, car les actions d'un homme vertueux sont identiques ou semblables à celles d'un autre homme vertueux.

Elle est réciproque : chacun des deux amis, en même temps, aime son propre bien et rend exactement à l'autre ce qu'il en reçoit : l'amitié réalise l'égalité parfaite, au sens arithmétique.

Le philosophe Jules Simon, de son côté, écrit : « *L'amitié ne cherche pas l'égalité, mais elle la produit. Elle met tout en*

7. L'abbé Aubert : *Fanfan et Colas*, chez Duchesne, libraire, rue S. Jacques, au-dessous de la Fontaine S. Benoit, au Temple du Goût. M. DCC. LXIV. Ou sur http://gallica.bnf.fr/ark:/12148/bpt6k5475136d.
L'abbé Aubert (1731-1814) est un fabuliste, poète, journaliste et critique français.

commun entre les amis : la fortune, les qualités de l'esprit, les sentiments du cœur[8]. »

Néanmoins, de manière réaliste, Aristote considère que des amitiés peuvent fort bien naître entre des gens inégaux à condition que si l'un donne quelque chose, il reçoive en retour un bienfait. Les bienfaits ainsi échangés peuvent ne pas être de même nature, ce qui compte c'est qu'une réciprocité ait lieu.

Il est évident qu'il sera toujours préférable, en tout cas plus facile, de s'échanger des biens de même nature, la palme revenant à la vertu. Si je partage un même plaisir ou un même loisir avec un ami, je favorise la construction d'une amitié, certes, accidentelle et qui pourtant n'en existe pas moins.

La ressemblance favorise l'égalité. D'où le fait que souvent, les amis appartiennent à une même génération. Pour Aristote, des amitiés transgénérationnelles sont possibles mais elles sont moins évidentes du fait d'une inégalité de départ qu'il faudra que l'un ou l'autre comble.

Il n'y a pas d'ami sans épreuve, ni d'ami d'un seul jour. Il faut du temps pour construire ce bien précieux. L'amitié comme la vertu résulte de l'habitude et nécessite, elle aussi, l'épreuve du temps. Il faut pouvoir souffrir avec un ami, se réjouir avec lui, tout comme le font les mères à l'égard de leurs enfants. Selon le philosophe, pour prétendre à une amitié parfaite, il convient d'être ami avec soi-même et donc d'agir par amour de la raison.

---

8. Jules Simon : *Le Devoir*, Hachette, Paris, 1855, p. 175. Philosophe, essayiste, historien, académicien et homme politique, Jules Simon (1814-1896), a notamment travaillé sur les œuvres de Platon et Aristote.

“

La ressemblance de nos destins
doit contribuer encore à faire naître notre amitié.

MOLIÈRE (*LES FOURBERIES DE SCAPIN*).

”

Le clin d'œil des auteurs

L'amitié est une lumière dont l'ami qui en est la source nous laisse deviner, par transparence, le bonheur.

5

Les aimants s'attirent comme les contraires

Peut-être, au reste, les contraires ne sont-ils attirés l'un vers l'autre que par accident, et non pas en vertu de leur nature ; peut-être la tendance la plus naturelle est-elle celle qui porte les êtres vers un certain milieu, puisque c'est là qu'est le bien ou le bon proprement dit.

Aristote se demande si l'idée selon laquelle les contraires s'attirent dans la nature comme dans les caractères est un principe essentiel ou accidentel. Sans donner une réponse définitive, on comprend qu'il penche pour la deuxième solution.

Son hypothèse est que si des personnes ayant des natures et des caractères contraires deviennent amis, c'est sans doute pour se retrouver à mi-chemin dans un juste milieu. En effet, une vertu se caractérise presque toujours par la faculté que l'on dispose d'atteindre un juste milieu entre l'excès et le défaut.

Cette faculté n'est pas innée, elle résulte de la pratique et des interactions que l'on a avec autrui. Ainsi par exemple, le courage est le juste milieu entre la couardise et la témérité.

Il est vrai qu'il existe en amour comme en amitié des couples improbables.

Qu'y a-t-il de commun entre La Môme Piaf et l'artiste de génie Jean Cocteau ? L'une est sortie du ruisseau, l'autre est issu de la grande bourgeoisie. L'une est une artiste des rues, l'autre un prince des belles-lettres et un académicien. Le 11 octobre 1963, la France apprend avec stupeur et incrédulité la disparition d'Édith Piaf et de Jean Cocteau.

Ils s'étaient rencontrés en 1940, et leur relation s'était fortifiée par la création du *Bel indifférent*, que le poète avait écrit et mis en scène pour la chanteuse. Débute alors une de ces amitiés improbables qui sera émaillée de quelques rencontres, d'échanges téléphoniques nombreux mais aussi d'une relation épistolaire.

Amis depuis plus de vingt ans, ils étaient au sommet de leur célébrité, quand Cocteau, alors âgé de 74 ans, apprend le décès de « La Môme », morte la veille. Jean Cocteau mourra cinq heures après son amie, alors même qu'il écrivait un texte afin de lui rendre hommage. Terrassé par la douleur, il s'effondre.

Entre ces deux nouvelles, les journaux et le public ont immédiatement établi un lien de cause à effet. La fin tragique de ces deux célébrités nous montre que le lien puissant d'une amitié sincère et profonde peut conduire à la mort, d'une autre façon, quand le choc de la disparition de l'autre est insupportable.

Comment les destins si opposés de Cocteau et de Piaf ont-ils pu converger ? Comment cet artiste raffiné a-t-il pu s'entendre si bien avec cette chanteuse à la gouaille célèbre ?

Cocteau ne ratera aucune des premières de Piaf, à propos desquelles il a écrit des textes élogieux. « *Je n'ai jamais connu d'être moins économe de son âme. Elle ne la dépensait pas, elle la prodiguait, elle en jetait l'or par les fenêtres* », a dit Jean Cocteau lorsqu'il apprit la mort de son amie, quelques heures avant de la rejoindre au paradis des artistes.

“

L'harmonie,
c'est la conciliation des contraires,
et pas l'écrasement des différences.

JEAN COCTEAU.

”

6

Noblesse oblige

> *Dans les amitiés fondées sur la vertu, la mesure naturelle du bienfait est ici l'intention du bienfaiteur : car, en fait de mœurs et de vertu, c'est l'intention qui est le principal.*

Oui, c'est l'intention qui compte. Aristote a développé une théorie de la volonté très précise et pertinente. Reprenant l'opinion commune, Aristote affirme que « *le juste augmente naturellement avec l'amitié* » puisqu'il semble qu'une injustice commise à l'encontre d'un ami est plus grave qu'une injustice commise envers un simple concitoyen ou envers un étranger.

L'amitié relève à la fois du sentiment et de la vertu. C'est précisément parce qu'elle est à la fois l'un et l'autre qu'elle constitue un pilier pour l'âme. Si les sentiments et les vertus étaient radicalement séparés, s'ils n'avaient rien de commun, la vertu serait une pure abstraction.

L'amitié est également une vertu politique puisqu'elle conditionne les rapports entre les hommes. Elle permet d'accorder la vie publique et la vie privée. La vie privée est celle des amitiés naturelles qui se rencontrent notamment dans le cadre de la famille. Dans la vie publique, la concorde joue un rôle similaire à l'amitié d'ordre privée. Elle constitue une sorte de bienveillance étendue à l'ensemble des citoyens d'une cité.

C'est cette bienveillance généralisée qui relie les individus les uns à l'égard des autres. L'amitié enfin se fonde sur un consentement éclairé, sur un accord validé par la raison. Aristote évoque un choix réfléchi qui a toutes les apparences d'un contrat tacite.

La thèse fondamentale du philosophe reste que « *l'homme vertueux est avec son ami dans une relation semblable à celle qu'il entretient avec lui-même, car son ami est un autre lui-même* ».

“

Dans la véritable amitié,
celui qui donne est l'obligé ;
Tout y est abandon : deux âmes n'en font qu'une.

Montaigne.

”

7

Loin des yeux, près du cœur

Au reste, le principe de l'amitié, comme celui de l'amour, paraît être le plaisir qui nous vient de la vue de la personne aimée ; car on n'aime pas ordinairement une personne, si l'on n'a trouvé d'abord quelque satisfaction à contempler ses traits. Mais cette circonstance même ne fait pas qu'on aime, ce sentiment n'existe que lorsque l'absence cause des regrets, lorsqu'on désire la présence de celui qui en est l'objet.

Le fait d'éprouver du plaisir à voir celui ou celle qu'on aime n'est pas une circonstance suffisante pour parler d'amour ou d'amitié. Éprouver le vide et l'absence de celui que l'on aime est en revanche le signe d'une amitié ou d'un amour réel.

Quelqu'un peut nous séduire sur le plan intellectuel, moral ou physique, sans que pour autant on en devienne l'ami. Un modèle qui pose pour un peintre ne devient pas nécessairement sa muse. On peut être séduit par l'intelligence d'une personne sans pour autant éprouver de l'amitié pour celle-ci. On peut également tomber amoureux de quelqu'un sans que celui-ci le soit de son côté.

Si, en revanche, deux personnes, se connaissant bien, souffrent l'une et l'autre de leur séparation, alors oui, il est bien question d'amour ou d'amitié pour notre philosophe.

En effet, le fait de ressentir que l'autre nous manque, que sans lui, nous demeurons comme amputés d'une partie de nous-mêmes, constitue bien pour le Stagirite[9] la preuve qu'un sentiment puissant d'amour ou d'amitié lie ces deux êtres. Lorsque l'absence de l'autre prend dans notre esprit les habits de la séparation, alors on est en présence d'amitié ou d'amour.

En français, pour exprimer à un(e) ami(e) le « manque » dû à son absence, on dit « tu me manques », « vous me manquez ». On fait passer l'être aimé avant soi, on le cite en premier, l'objet est sujet, on le rend unique. En même temps, en évoquant sa propre souffrance, on pourrait déceler dans cette phrase une petite note de culpabilisation, de justification.

En anglais, dans le même cas, on dit « *I miss you* ». Littéralement « je manque vous », le sujet est « je ». On parle de soi en premier, l'objet du manque devient le complément d'objet, et, singulièrement, dans cette phrase faite de mots monosyllabiques, la force de ce « *you* » se remarque, grâce à son intonation ascendante, (versus « vous me manquez » intonation descendante).

On remarquera que, dans les deux langues, ces phrases gagnent en puissance au présent. En effet, il s'agit d'expressions convoquées par le discours direct. Au futur, par exemple, « Tu me manqueras, vous me manquerez »,

9. Aristote est né en 384 dans la ville de Stagire (aujourd'hui Stavro), en Chalcidie. À cette époque, Stagire est une petite cité grecque.

« *I will miss you* », perdent leur intensité, sauf si, en anglais, on utilise le « *shall* » à la place du « *will* ». La notion de « beaucoup » intervient alors. Mais le présent reste la vérité de ces expressions.

Que la douceur de l'amitié
soit faite de rires et de plaisirs partagés.

KHALIL GIBRAN.

Le clin d'œil des auteurs

Chaque jour, ton visage enrichit d'un nouvel exemple le lexique de l'amitié qui porte ton prénom.

8

La fortune sourit à l'amitié

La prospérité fait que l'on trouve beaucoup de charme dans la présence, dans le commerce habituel de ceux qu'on aime, et aussi dans la pensée qu'ils sont heureux du bonheur dont on jouit. Par cette raison, on doit naturellement s'empresser à les appeler auprès de soi, lorsqu'il arrive quelque événement heureux ; car il est beau de se plaire à faire du bien aux autres. Dans l'infortune, au contraire, on ne doit consentir qu'avec peine à voir ses amis ; car il faut, le moins qu'on peut, leur faire partager sa souffrance.

Aristote a sans doute accordé sa vie à ses prescriptions. Chaque fois qu'il l'a pu, il a appelé ses amis auprès de lui pour partager son bonheur. Ainsi Théophraste, le botaniste et son ami de longue date, fera partie de l'école philosophique athénienne du Lycée fondée par Aristote et y prendra d'importantes responsabilités.

L'ami véritable ne serait pas celui à qui « on peut tout dire ». Pour le Stagirite, il s'agirait bien plutôt de l'homme capable de mesure. Celui qui sait, quand il convient d'ouvrir son cœur, non pas seulement en raison des circonstances, mais également, en vertu de la connaissance intime qu'il a de son ami, de sa personnalité et de son caractère. C'est ce type d'amitié qu'Aristote a pratiqué avec Philippe de Macédoine bien sûr, mais aussi avec Hermias, un ami d'enfance qui par la suite gouvernera en tyran la région de Stagire. Lorsque son ami Hermias décédera à la suite d'une sédition, Aristote n'hésitera pas, malgré ses opinions divergentes, à lui commander une statue.

Le philosophe athénien n'aurait sans doute pas souscrit à la pensée d'Alain : « *Un ami est celui qui nous dit nos quatre vérités.* » En effet pour lui, l'ami n'est pas celui qui vous dira vos quatre vérités, car il sait parfois mieux que vous-même ce que vous êtes prêt à entendre ou à supporter. Votre ami est ami de la vérité mais pas à n'importe quel prix !

Souvent, un ami se situera « en dessous » de la vérité, dans tous les sens du terme. Il sera attentif à ne vous livrer que la part de vérité qui vous convient et qui peut être entendue. Il sera auprès de vous dans la manifestation d'une vérité qui vous concerne et qui vous touche, car c'est avec lui que cette vérité s'échafaudera.

L'amitié est la recherche de cette juste mesure qui permet aux amis de partager une vérité et de la prendre en charge en commun. Aristote opère un glissement à ce stade, en concédant que l'homme sincère n'est pas forcément celui qui dit tout le temps la vérité mais celui qui parvient à se préserver de la fausseté.

Kant, dans sa *Métaphysique des mœurs*, s'inquiète également du devoir de vérité que l'on doit à son ami : « *C'est assurément un devoir, pour un ami, que de faire remarquer à l'autre ses fautes ; car on le fait pour son bien et c'est donc un devoir d'amour. Mais ce qui est comme son autre moitié voit là un manquement au respect qu'il attendait de lui, et il imagine en tout cas que, dans l'esprit de son ami, il a déjà déchu ou, puisqu'il est observé par l'autre et se trouve secrètement critiqué par lui, il court continuellement le danger de perdre son respect*[10]. » On peut également se souvenir des paroles de Jésus, rapportées par saint Jean dans son Évangile (chapitre 8.32) : « *Vous connaîtrez la vérité, et la vérité vous rendra libres.* »

L'amitié a ses codes propres et c'est à travers eux que les amis pourront souvent se dire des choses à demi-mot. Qui mieux que son ami est capable de lire entre les lignes et de deviner un aveu tacite ? Une autre solution pour éviter une révélation frontale peut résider dans l'humour qui permet souvent de s'exprimer par allusion.

Hegel qui a lu de très près Aristote, se range en partie à son point de vue dans sa *Propédeutique philosophique* : « *L'amitié repose sur la communauté de caractère, sur l'identique intérêt à poursuivre ensemble une œuvre commune, non point sur le plaisir qu'on éprouve auprès de la personne d'autrui comme telle. À ses amis on se doit rendre aussi peu importun que possible. La plus grande délicatesse est de ne leur demander aucun service. Il ne faut point se dispenser d'une affaire pour la leur imposer.* »

Hegel indique que les affinités fondent la relation elle-même. Ainsi, l'amitié est l'activité véritable qui permet d'appréhender l'authenticité de notre condition humaine.

Paradoxalement – mais le paradoxe n'est qu'apparent – une amitié se dissout non tant parce que l'on se serait dit ses

10. Emmanuel Kant, *Métaphysique des mœurs (Tome 2) – Doctrine du droit – Doctrine de la vertu,* Garnier-Flamamrion, p. 469-470.

vérités mais parce que l'on ne serait plus en mesure de se dire la vérité. La fin d'une amitié, advient souvent lorsque nous sommes pris en défaut de pouvoir ou de vouloir l'exprimer.

Cicéron a dit : « *Je préfère au nom du ciel m'égarer avec Platon plutôt que de voir juste avec ses adversaires.* » Une déclaration qui trouve son inverse symétrique chez Aristote : « *Si les amis et la vérité nous sont également chers, c'est à la vérité qu'il convient de donner la préférence.* »

“

L'amitié nous est donnée par la nature,
non pour favoriser le vice,
mais pour aider la vertu.

Cicéron.

”

Le clin d'œil des auteurs
La fête entre amis

Le grand poète espagnol, Federico Garcia Lorca, a écrit un vers qui nous va comme un gant : « *La fête est une roue, une roue de lumière sur la nuit.* » Nous réunissons nos amis dès qu'un événement heureux se produit dans notre existence. Quand, au contraire, survient un malheur, nous ne le propageons pas auprès d'eux. Le crabe s'enfouit dans le sable pour se cacher.

9

L'amitié, antidote de la détresse

> *D'un autre côté, peut-être aussi doit-on s'empresser de rechercher un ami dans l'infortune, sans attendre qu'il vous appelle ; car le devoir de l'amitié est de faire du bien, surtout à celui qui est dans la détresse, et qui n'a pas exigé d'assistance : c'est des deux parts un procédé plus touchant et plus honorable.*

L'amitié sait s'entourer de silence. Un véritable ami saura taire sa détresse, mais son alter ego, pour être digne de cette amitié, devra autant qu'il peut, deviner son désarroi. C'est, au fond, ce que recouvre le terme de « prévenance ». Il s'agit de prévenir son ami des ennuis qu'il pourrait connaître. Cela implique un don de prévoyance, la capacité de deviner les difficultés qu'un ami peut rencontrer. Il faut prévenir pour chérir celui que l'on aime.

Prévenir, c'est intervenir suffisamment tôt, avant que le mal n'ait gagné du terrain. Prévenir, c'est aussi être attentif à son ami de sorte que l'on soit en mesure d'anticiper ses souhaits ou ses désirs. Pour aimer l'amitié, il faut aimer l'avenir.

Ainsi, écouter l'autre, c'est donner un avenir à sa parole. Écouter l'autre, même lorsqu'il se tait, c'est, dans les interstices du silence, le comprendre, l'appréhender dans toute sa différence et aussi dans sa fragilité. Écouter l'autre, du reste, c'est souvent aussi se taire, faire une place en soi au recueil de la parole de l'autre pour qu'en nous elle fasse écho et que notre ami entende la réverbération de sa pensée. L'écho de la parole de l'autre, fût-il lointain, décide de l'entente des amis.

Nietzsche a réfléchi sur le fait de savoir se taire en amitié : « *Oui, il y a des amis, mais c'est l'erreur, l'illusion à ton sujet qui les a conduits vers toi ; et il leur faut avoir appris à se taire, pour te rester amis ; car presque toujours de telles relations humaines reposent sur ce qu'une ou deux choses ne seront jamais dites, voire qu'on n'y touchera jamais, mais ces cailloux se mettent-ils à rouler, l'amitié les suit par-derrière et se rompt. Y a-t-il des hommes qui pourraient n'être pas blessés mortellement s'ils apprenaient ce que leurs amis les plus fidèles savent d'eux au fond*[11] *?* »

Il ne faut toutefois pas se méprendre sur le silence de l'amitié. Il ne s'agit pas pour les amis de se taire mais de rendre au silence ses sous-entendus. C'est sur ces silences que l'amitié s'accorde bien souvent et qu'elle s'entretient dans tous les sens du terme.

11. Friedrich Nietzsche, *Humain, trop humain, I, VI, 376,* Œuvres, *J. Lacoste et J. Le Rider (éd.), Robert Laffont, 1993, t. I, p. 615-616.*

**Pour moi, a repris un autre,
j'ai si peu reconnu de vrais amis que je tiens
pour mes amis ceux qui ne me haïssent pas. [...]
Comme les adversités découvrent ceux
qui sont nos amis en nous assistant,
la prospérité cache et couvre nos véritables ennemis.**

LA MOTHE LE VAYER[12].

**Le clin d'œil des auteurs
24 heures sur 24**

Dès que vous apprenez qu'un(e) ami(e) est dans l'infortune, vous vous précipitez sur le téléphone pour prendre de ses nouvelles, ou lui annoncer votre visite. Sinon : ça sert à quoi l'amitié ? Il a raison, Aristote !

12. La Mothe le Vayer (1588-1672) est un philosophe, philologue et historien français à qui l'on doit des traités et des dialogues dont la pensée est empreinte d'un profond scepticisme. Source : citation-celebre.leparisien.fr.

10

L'amitié et ses lettres de noblesse

Mais l'amitié n'est pas seulement nécessaire, elle est aussi ce qu'il y a de plus noble et de plus beau : car nous louons ceux qui ont la passion de l'amitié ; et le grand nombre d'amis est considéré comme une des choses les plus honorables. Il y a même des gens qui pensent que ceux qui savent être amis, ne peuvent manquer d'être vertueux.

Pour Aristote, l'homme n'est pas destiné à vivre seul. Tout d'abord, l'homme, nous dit-il, est un animal sociable et politique. Il est voué à vivre en société et à organiser le gouvernement de celle-ci. Pourtant le lien qui unit les citoyens qui recherchent un bien commun, la concorde, s'il ressemble à l'amitié vertueuse, en diffère par bien des points.

Le philosophe nous invite à ne pas aller trop vite en besogne. Ce n'est pas parce que l'amitié tisse des liens qui ressemblent à ceux d'une société qu'il faut confondre les deux notions. Aristote y reviendra et critiquera l'idée selon laquelle on pourrait avoir une multitude d'amis.

La vertu, nous fera-t-il comprendre, ne se mesure pas au nombre d'amis mais à la qualité des amitiés que l'on conçoit.

La vertu réclame la réciprocité dans l'amitié et cela constitue un bien des plus précieux, mais aussi des plus rares.

Aristote nous proposera également une distinction déterminante entre amitié accidentelle et essentielle. Il ne suffit pas d'avoir des goûts communs, des idées convergentes ou des intérêts communs pour devenir véritablement des amis. On peut être ami en apparence sans l'être fondamentalement.

Dans une démarche scientifique et quasi sociologique, Aristote va donc d'abord interroger la *doxa* (la tradition, l'opinion commune) avant de nous faire part de ses propres hypothèses au sujet de la *philia*.

“

Ce sont mes amis qui m'ont fait aimer la vie. Ils me rendent meilleur à mesure que je les trouve meilleurs eux-mêmes.

Jacques Chardonne[13].

”

13. Jacques Chardonne, de son vrai nom Jacques Boutelleau, (1884-1968), est un écrivain français. Source : citation-celebre.leparisien.fr.

11

Éloge de la vérité

Celui qui aime la vérité et se montre sincère même dans des choses où cela n'importe en rien, sera, à plus forte raison encore, sincère dans les cas où cela présente de l'intérêt : il se gardera alors de la fausseté comme d'une action honteuse, lui qui s'en détournait déjà par simple répulsion de ce qu'elle est en elle-même et un tel homme mérite nos éloges. Il aura même plutôt tendance à rester au-dessous de la vérité, et c'est là une attitude qui, de toute évidence, est de meilleur ton, toute exagération étant à charge aux autres.

Pour Alceste, dans le *Misanthrope*, la vérité et la sincérité sont des valeurs cardinales : «... *Je veux qu'on soit sincère, et qu'en homme d'honneur, On ne lâche aucun mot qui ne parte du cœur.* »

Alceste poursuit l'illusion d'une amitié parfaite, mais cela relève de l'utopie car une telle amitié n'aura jamais lieu :

> « *Je veux que l'on soit homme, et qu'en toute rencontre*
> *Le fond de notre cœur dans nos discours se montre,*
> *Que ce soit lui qui parle, et que nos sentiments*
> *Ne se masquent jamais sous de vains compliments.* »

Voici un petit commentaire que nous avons imaginé, à la manière de Molière, sur l'attitude d'Alceste :

À force de prétendre à l'amitié parfaite,
Alceste n'en connaît même plus le concept.
D'aucun ami, il ne peut faire la conquête
Puisque l'amitié vraie dont il poursuit la quête,
Résonne comme une coquille vide et défaite.
Sans ami, il devient misanthrope de fait.
On ne peut espérer vivre dans la concorde
Quand on a le cœur sec et l'esprit monocorde.
Alceste, qui jamais sa confiance n'accorde,
Ne fait que donner pour se pendre, la corde.

Il semble que la renonciation à dire la vérité en amitié soit la leçon du *Misanthrope* de Molière.

Philinte lui répond et lui donne les codes du bien-vivre ensemble, seule voie qui selon lui peut conduire à l'amitié :

« *Lorsqu'un homme vous vient embrasser avec joie,*
Il faut bien le payer de la même monnoie,
Répondre, comme on peut, à ses empressements,
Et rendre offre pour offre, et serments pour serments.
(...) Quand on est du monde, il faut bien que l'on rende
Quelques dehors civils que l'usage demande.
(...) Il est bien des endroits où la pleine franchise
Deviendrait ridicule et serait peu permise. »

Dire la vérité en matière d'amitié a ses limites. Il faut prendre en considération la situation particulière dans laquelle deux amis peuvent être amenés à ne pas manquer une bonne occasion de se taire, comme l'on dit. Du reste, en parlant de théâtre, Jean Anouilh, le dit à sa façon : « *Il ne faut jamais dire la vérité : c'est elle le vrai désordre.* »

“

Mais l'amitié demande un peu plus de mystère,
Et c'est, assurément, en profaner le nom,
Que de vouloir le mettre à toute occasion.

MOLIÈRE, *LE MISANTHROPE.*

”

12

Amitié utile ou futile

Ceux qui aiment en vue de l'utilité, aiment à cause du bien qui leur en revient ; et ceux qui aiment en vue du plaisir, le font à cause de l'agrément qu'ils y trouvent. (...) Ces sortes d'amitiés sont donc souvent l'effet des circonstances, (...) elles sont, par conséquent, faciles à dissoudre, quand ceux qui les inspirent ne demeurent pas les mêmes ; car, du moment où ils cessent d'être utiles ou agréables, on cesse de les aimer.

Évoquons tout d'abord la place des réseaux sociaux.

En premier lieu, l'homme étant un animal sociable, il est enclin à partager et à rejoindre une communauté. L'isolement et la solitude sont contraires à notre nature. La pente naturelle de l'humanité, c'est de faire société.

En second lieu, il ne faut pas sous-estimer le principe du « qui se ressemble s'assemble ». Or, Aristote nous le dit, les êtres humains qui partagent des intérêts communs, des affinités, des loisirs ou des plaisirs ont tendance à se lier d'amitié, même si ce sentiment est fragile et peut parfois ne durer qu'un seul jour. C'est ce que notre philosophe appelle des amitiés accidentelles. Elles ne sont pas condamnables en soi, mais elles doivent être entendues pour ce qu'elles sont.

En troisième lieu, Aristote nous rappelle que nous ne sommes pas autosuffisants et que par conséquent nous avons besoin des autres. Cela commence dès la naissance, nous dit-il, car le nouveau-né est totalement dépendant de ses parents et leur doit la vie, l'éducation et la subsistance. Par la suite, c'est la cité qui prendra le relais afin de permettre à chaque citoyen de développer ses projets.

En quatrième lieu, il nous met en garde contre l'illusion de l'amitié, une amitié qui n'en a que le nom car elle n'est pas fondée sur la réciprocité. Sur Facebook, combien d'internautes ne se lancent-ils pas dans une course à l'échalote pour avoir le plus grand nombre d'« amis » ? Ce n'est pas le nombre d'amis qui compte, la quantité n'a rien à faire en cette matière. Avoir 500 amis sur son réseau, la belle affaire ! Il vaut beaucoup mieux n'avoir qu'un seul véritable ami qui sera à vos côtés lorsque 500 personnes seront contre vous.

Cette quantification de la notoriété et de la réputation, sous prétexte d'amitié, est très dommageable car elle offre l'illusion de l'amitié au lieu de sa réalité. Le mot « ami » perd toute sa consistance pour ne devenir qu'une coquille vide.

En cinquième lieu, le monde virtuel est évidemment, pour partie, un monde d'illusions. Avec les procédés de traçage (tracking), les plateformes des réseaux sociaux sont capables de nous suggérer des « amis » et de nous relancer sans cesse afin que nous étoffions notre communauté.

“

L'amitié est toujours une douce responsabilité, jamais une opportunité.

KHALIL GIBRAN.

”

13

Des amitiés qui font plaisir

> *Les jeunes gens sont aussi fort portés à se lier d'amitié avec ceux de leur âge ; car cette espèce d'attachement est une passion fondée, la plupart du temps, sur le plaisir. Aussi la voit-on naître et finir très promptement, et quelquefois dans la même journée.*

Il est vrai que la jeunesse, c'est souvent le temps des copains. Il est vrai que des plaisirs communs favorisent les rencontres. Il est vrai encore que le plaisir de danser, de faire du sport, de faire la fête, de partager un repas, sont autant d'occasions de se lier d'amitié et de se découvrir des affinités.

Aristote le sait et considère ces moments de convivialité très importants, puisqu'ils permettent de faire naître des amitiés fondées sur le plaisir. De telles amitiés parfois pourront durer, nous dit le philosophe, particulièrement si elles s'enrichissent au fil du temps d'échanges, et si elles laissent place à un respect mutuel.

Le plus souvent, pourtant, elles resteront fragiles car leur fondement demeure instable. Les passe-temps, les loisirs, les plaisirs sont sujets au changement. « *L'ami par intérêt, c'est une hirondelle sur le toit »*, nous dit Cervantès. À propos d'hirondelle, c'est à Aristote que l'on doit l'adage : « *Une hirondelle ne fait pas le printemps.* »

Aristote nous met en effet en garde contre les jugements hâtifs et nous invite toujours à être attentifs à la répétition d'un phénomène avant de le valider.

Si l'on veut bâtir une amitié solide, tout comme un bâtiment, il faudra lui prévoir de profondes fondations. Construire sur un terrain meuble, c'est s'exposer à voir sa maison s'effondrer tôt ou tard.

L'amitié par excellence se distingue des amitiés juvéniles fondées sur le plaisir, non pas en ce qu'elle rejette le plaisir, ce qui serait absurde, mais seulement en ce que le plaisir ne constitue pas une fin en soi mais seulement un adjuvant de la relation amicale.

Oscar Wilde, de son côté prétend que « *Les jeunes sont toujours prêts à donner à leurs aînés le bénéfice de leur tempérance.* »

Pour Aristote, les jeunes sont plus prompts à devenir amis que leurs aînés. Cela tient à plusieurs causes.

La première consiste dans le fait que dans les cités grecques comme dans les nôtres, bon nombre de loisirs concernent en priorité les jeunes. Aristote évoque notamment le sport et les banquets.

La seconde raison tient au fait que les jeunes s'inscrivent dans des clubs, des associations et des communautés qui sont autant d'occasions de rencontres.

Enfin la jeunesse, par manque d'expérience, conduit à nouer des relations moins durables. Le désir d'amitié vient vite à cet âge, pas nécessairement l'amitié elle-même.

“

Le bonheur fait l'ami, l'adversité l'éprouve.

Publilius Syrus.

”

14

L'amitié de 7 à 77 ans

Jeune, elle vous garantit des fautes où l'inexpérience peut vous faire tomber ; vieux, elle vous prodigue ses soins, et vous offre son secours pour l'accomplissement des actions ou des desseins que les infirmités de l'âge vous rendraient impossibles

Pour Aristote une amitié véritable peut fort bien se nouer entre un vieillard et une personne jeune. Du reste dans notre société moderne, il n'est pas rare de voir des amitiés se nouer entre des juniors et des seniors.

Francis Bacon, c'est un peu le Montaigne anglais, semble militer pour cette cause : « *En général, la jeunesse est comme les premières pensées qui sont moins sages que les secondes, car il y a une jeunesse dans les pensées comme dans les années [...]. Les hommes jeunes sont plus propres à imaginer qu'à juger, à l'exécution qu'au conseil, aux projets nouveaux qu'aux affaires réglées. Car l'expérience dirige mieux les vieillards dans les choses qui relèvent d'elle, mais les fourvoie dans les conjonctures nouvelles[...] Il est assurément profitable de combiner l'emploi des uns et des autres : ce sera un avantage pour le présent, puisque les mérites des deux âges se corrigeront mutuellement ; un avantage pour l'avenir, puisque les jeunes hommes s'instruisent tandis que les hommes d'âge mûr agissent ; un avantage enfin pour les événements extérieurs, puisque l'autorité accompagne les vieillards, et la faveur populaire la jeunesse*[14]. »

Les liens profonds d'amitié, d'affection et de tendresse réciproques qui unissent les jeunes aux aînés résulteraient pour une bonne part de leur conscience opposée du temps. Les uns sont tournés vers leur passé, les autres vers leur futur et cette opposition favoriserait le compromis heureux d'une amitié.

“

Je n'ai pas besoin d'un ami qui change quand je change, ou qui acquiesce quand j'acquiesce. Mon ombre s'en charge beaucoup mieux.

Plutarque.

”

Le clin d'œil des auteurs

L'amitié est un sentiment complexe qui se déplie comme un origami subtil, nous laissant à peine le temps de discerner les plis que nos existences ont pris.

14. Francis Bacon, *Essais de morale et de politique,* Paris, 1990.

15

Joindre le futile à l'agréable

Telles sont les amitiés (basées sur l'agrément) des jeunes gens : elles ont, en effet, communément un caractère de libéralité ; au lieu que l'amitié fondée sur l'utilité a plus généralement lieu entre personnes intéressées, et qui ont, en quelque sorte, un esprit mercantile.

L'amitié qui réunit des personnes, qui partagent les mêmes plaisirs ou les mêmes goûts est d'une nature supérieure, nous dit Aristote, à celle qui prend appui sur l'utilité. En effet partager des activités et des loisirs, c'est passer du temps ensemble et développer des habitudes tandis que l'amitié fondée sur l'utilité ne vise que des intérêts qui pourront être rapidement satisfaits.

D'un côté, on a affaire à une amitié qui, se construisant avec le temps, sera par nature plus durable et, de l'autre, une amitié que la satisfaction des intérêts réciproques menace de faire disparaître bien vite.

L'amitié axée sur l'agrément peut donc devenir le berceau d'une amitié essentielle s'il vient s'y greffer la vertu.

Les jeunes forment des associations de camarades, des associations aristocratiques nommées hétairies qui constitueront souvent des contre-pouvoirs. Les citoyens s'assemblent selon leurs goûts en amicales, en cercles littéraires ou philosophiques. La vie intellectuelle de la cité est faite de toutes ces amitiés fondées sur un choix libre.

Si le champ des possibilités est beaucoup plus étendu à l'heure de la jeunesse plutôt qu'à celle de la maturité, reste que la liberté n'est pas affaire de potentialités offertes mais de responsabilités prises.

Nombreux sont les hommes potentiellement bons, justes, raisonnables et libres, et si peu le sont effectivement.

“

Nos amitiés ne doivent pas être fondées sur l'intérêt, car l'amitié est une vertu et non un négoce.

Ambroise de Milan[15].

”

15. Ambroise de Milan ou saint Ambroise est connu en tant qu'écrivain et poète. Ce serait auprès de lui qu'Augustin d'Hippone (saint Augustin) se serait converti au christianisme. Saint Ambroise, *Les Devoirs*, Tome II, texte établi et traduit par Maurice Testard, Collection Budé, Les Belles Lettres, Paris, 2002. Consultable sur https://data.bnf.fr/fr/12306030/ambroise_les_devoirs/

Coup d'œil étymologique

Via le latin *hetaeria*, du grec ancien *hetaireía*, les hétairies sont des associations dont les membres partagent des idées politiques, littéraires, culturelles, religieuses ou philosophiques. Il existait, en effet, dans la démocratie athénienne, des hétairies qui ont souvent pris la forme de sociétés secrètes. Hétaire ou Hétère, qui dérive de la même racine, signifie courtisane.

16

Il ne faut pas semer à tous vents

Beaucoup de gens ont de la bienveillance pour des personnes qu'ils n'ont jamais vues, (...) mais comment pourrait-on dire qu'ils sont amis, puisqu'ils ne connaissent pas leurs sentiments réciproques ?

Ce type de sentiment que décrit Aristote relève souvent de l'admiration qui est un sentiment louable et profitable lorsqu'il ne se radicalise pas pour devenir une forme de fanatisme. Philippe Soupault ne s'y trompe pas, lorsqu'il indique, dans son livre intitulé *L'amitié*, sa préférence pour l'estime plutôt que pour l'admiration : « *L'estime plus que l'admiration est l'aliment essentiel de l'amitié.* »

Cette situation se rencontre souvent lorsqu'il existe une profonde inégalité entre les individus nous dit Aristote. Ce phénomène, nous le retrouvons dans tous les registres d'idolâtrie de la personne. Les stars du football, du show-business, les hommes ou femmes de pouvoir sont les plus exposés à cette forme d'amitié dévoyée, dans laquelle la réciprocité fait défaut.

C'est que la véritable amitié implique la réciprocité. Les réseaux sociaux nous offrent aujourd'hui une parfaite illustration de ce type d'amitié dégradée que dénonce le philosophe.

Les blogueurs et blogueuses qui se lancent dans une course effrénée à la postérité en multipliant à l'envi le nombre de leurs followers est symptomatique. Qu'est-ce qui motive les fans en général ? Sans doute y a-t-il souvent au départ un vide à combler. De nombreux mécanismes assez difficiles à démêler entrent en jeu.

Le 20 novembre 2020, à Cannes, Daniel Cordier meurt, soixante-seize ans jour pour jour après avoir été fait compagnon de la Libération par décret de Charles de Gaulle. Le 25 novembre, Diego Maradona décède en Argentine. Dans son pays, trois jours de deuil national sont décrétés. Ce footballeur idolâtré était loin d'être un homme vertueux et pourtant à travers le monde, sa mémoire a été célébrée, et il a été pleuré par des millions de personnes et d'aficionados. Les articles de presse sont éloquents. On y parle d'un dieu vivant, d'une star, d'une idole.

Quelle différence avec Daniel Cordier, auquel a été rendu le 26 novembre, sous l'égide du président Macron, un hommage national, dans la cour de l'Hôtel des Invalides ! C'est le coronavirus qui a terrassé cet ancien résistant qui, après avoir rejoint les « Forces françaises libres » à Londres à l'âge de 19 ans, fut embauché à Lyon par Jean Moulin, auquel il restera fidèle jusqu'à l'arrestation de ce dernier en juin 1943. Devenu écrivain, peintre et galeriste, Daniel Cordier effectuera, jusqu'à la fin de sa vie, un travail de mémoire, notamment auprès des jeunes. Il ne se considérera jamais comme un héros, alors qu'il en était un.

“

Le rôle d'un ami, c'est de se trouver à votre côté quand vous êtes dans l'erreur puisque tout le monde sera à côté de vous quand vous aurez raison.

MARK TWAIN.

”

17

Flatteurs et faux amis

La plupart des hommes, par un sentiment d'ambition, semblent désirer qu'on les aime plutôt qu'ils ne veulent aimer les autres. Aussi accueille-t-on généralement les flatteurs ; car un flatteur est, pour ainsi dire, un ami subalterne, ou du moins il affecte l'infériorité.

Selon Aristote, la flatterie est contraire à la raison et représente un danger pour celle-ci. La flatterie constitue un marché de dupes à plusieurs niveaux. Tout d'abord, le flatteur ment sur la nature de la relation qu'il entretient avec l'autre. Il ment aussi sur son statut en prétendant être inférieur à celui qu'il encense ou s'il se sent inférieur à lui, en espérant obtenir de la considération de la part de son pseudo-ami. Ensuite, il offre à sa victime une image illusoire dont l'amour-propre risque de s'emparer.

Sénèque est parfaitement conscient de ce travers et montre que la flatterie et l'amour-propre, en miroir, se réfléchissent l'un l'autre : « *Les flatteries d'autrui nous sont plus préjudiciables que celles que nous nous prodiguons. Qui ose s'avouer la vérité ? Qui, lorsqu'il se trouve au milieu d'un troupeau de flatteurs et de flagorneurs, ne fait pas de la surenchère à son avantage ?* »

La flatterie risque de tromper la conscience que son récepteur a de lui-même. Elle détourne l'âme de la clairvoyance. Basée sur un mensonge ou à tout le moins une exagération, elle brouille la communication.

Le flatteur donne le sentiment de se contenter d'aimer sans rien demander en retour, or, il n'en est rien car les fausses louanges poursuivent en général un intérêt. Si le pseudo-ami cherche à connaître les ressorts de l'âme de l'autre, ce n'est pas, comme le ferait l'ami véritable, pour diriger celle-ci vers le bien, mais pour mieux assurer sa propre domination sur l'autre.

Théophraste (371-288 av. J.-C.), contemporain et ami d'Aristote, a bien su cerner, lui aussi, les caractères de son temps : « *Le flatteur est du genre à dire, tout en marchant :*

– "Tu réalises comme les gens regardent de ton côté ? Ça, ça n'arrive en ville à personne d'autre qu'à toi ! Tu étais fameusement en vogue hier, sous le portique ! Comme on était assis là à plus de trente hommes et qu'on est tombé sur le sujet 'qui est le meilleur' ?, tous les suffrages, à mon initiative, se sont portés sur ton nom". »

“

Un ami flatteur n'est pas un ami, mais un voleur. D'ami, il n'a fait qu'usurper le nom.

Matteo Ricci[16].

”

16. Matteo Ricci (1552- 1610) est un prêtre jésuite italien et missionnaire en Chine. On lui doit notamment une *Histoire de l'expédition chrétienne au royaume de la Chine*. Matteo Ricci, *Traité de l'amitié*, Éditions Noé, 2006.

18

Dis-moi qui tu protèges, je te dirai qui tu es

> *Du reste, ce n'est qu'à cause des accessoires, et par occasion, que l'on paraît ambitionner la considération, ce n'est pas directement et pour elle-même : car la plupart des hommes aiment à être considérés par ceux qui sont élevés en dignité, dans l'espoir qu'ils en obtiendront, au besoin, faveur et protection. C'est donc parce qu'elles sont les signes de cette faveur que l'on est communément flatté des marques d'honneur ou de considération qu'on obtient.*

La flatterie fait le lit de l'amour-propre et conduit souvent à négliger de se connaître soi-même. Le meilleur rempart face à cette tromperie reste la faculté que nous avons à nous examiner nous-mêmes. Seule cette vertueuse introspection nous permet d'échapper à l'ascendant que prend le flatteur sur notre âme aveuglée sur ses propres défauts.

Celui qui se laisse abuser par les flatteurs, est souvent « *le premier et le plus grand flatteur de soi-même* », nous dit Fénelon dans son ouvrage *Télémaque,* destiné à l'instruction et à l'édification morale du jeune prince de Bretagne. Pour Fénelon, il était sûrement déjà trop tard pour alerter Louis XIV qui avait assis l'essentiel de son pouvoir sur ses courtisans. Pour son entreprise, mieux valait pour lui miser sur l'avenir en se préoccupant de l'éducation du dauphin.

Cela constitue également un réel danger sur le plan politique, car la flatterie s'accroît à mesure que croît la connaissance que le flatteur a du roi et que décroît la connaissance que le roi a de lui-même. Le flatteur trouvera toujours à se faire aimer du puissant qu'il flatte, même si en réalité il n'aime personne davantage que lui-même. C'est son propre intérêt qu'il sert avant tout.

Aristote a longtemps vécu dans l'entourage de rois. Ce fut tout d'abord à la cour du roi Amynthas III, où son père exerçait l'office de médecin du roi. C'est là qu'il rencontra et partagea les jeux du fils de ce roi, Philippe, qui allait quelques années plus tard étendre le pouvoir de la Macédoine. Lorsque son ami prit le pouvoir, Aristote, qui fit de fréquents séjours au palais, eut tout le loisir d'observer les manigances et les intrigues des courtisans qui entouraient son ami. Par la suite, lorsque son ami Philippe lui demanda de devenir le précepteur de son fils – Aristote ne parvint pas à infléchir le caractère brutal et orgueilleux du jeune Alexandre – il put mesurer encore une fois combien l'entourage d'un prince comptait de flatteurs et de flagorneurs nuisibles.

Il faut dire que, dans la Grèce antique, le sujet de la flatterie est loin d'être anecdotique. Platon s'y est longuement penché (dans *Le Gorgias* notamment) et Plutarque y a consacré un long chapitre de ses *Œuvres morales*, au titre éloquent : *Comment discerner le flatteur de l'ami*.

Voici le portrait que fait ce dernier auteur du flatteur : « *Le mal ne leur coûte rien à faire, parce qu'aucun sentiment de bonté ni aucun principe de vertu ne les retient. Mais aussi ils font le bien sans peine, parce que leur corruption les porte à le faire pour paraître bons et pour tromper le reste des hommes. À proprement parler, ils ne sont pas capables de la vertu, quoiqu'ils paraissent la pratiquer. Mais ils sont capables d'ajouter à tous leurs autres vices, le plus horrible des vices, qui est l'hypocrisie.* »

“

Tel est le penchant des petites âmes : elles voudraient par leurs flatteries abaisser jusqu'à elles ce qui est grand, pour s'asseoir à la même table.

NIETZSCHE.

”

19

L'argent un moyen, non une fin

Nous parlons de « richesses » et de « l'art de s'enrichir » en deux sens. L'usage de la chose que l'on possède est d'abord un usage par soi (celui d'une chaussure ou d'un manteau par exemple) ensuite un usage accidentel, non certes à la façon dont quelqu'un se servirait de sa chaussure comme d'un poids, mais comme d'un objet à vendre ou à louer, car c'est encore se servir de la chaussure. Mais celui qui aime l'argent se passionne pour la seule monnaie qui entre alors dans la catégorie de la possession, au lieu de garder son usage accidentel.

Cette dérive consistant à ne s'intéresser à l'argent non pas comme moyen mais comme fin, que nous appelons aujourd'hui spéculation, Aristote lui donne un nom : la chrématistique.

Le point de vue du philosophe semble plus que jamais d'actualité lorsque l'on voit comment nos économies et sociétés ont failli vaciller à plusieurs reprises, victimes de crises financières dont le moteur s'est avéré être la spéculation. Il suffit de penser à l'effondrement des marchés en 2008 et à la crise des *subprimes*. L'affaire Madoff avec son système d'escroquerie à grande échelle avait aussi défrayé la chronique.

Les préceptes d'Aristote, son sens de la mesure et la sagacité avec laquelle il analyse les dangers propres à des pratiques corrompues, peuvent éclairer avec beaucoup de profit notre actualité. Ainsi, il nous met en garde contre la spéculation qui est un vice dans la vie familiale et un danger pour la cité politique.

En effet, aimer l'argent pour l'argent, oublier qu'il n'est qu'un moyen et chercher à le voir prospérer à tout prix sont des pratiques anormales, nous dit-il. La spéculation excède les limites de la nature et menace ainsi les fondements mêmes de notre société. Comment prétendre bien vivre ensemble au sein de la cité si, chacun, tout préoccupé qu'il est par l'amassement de richesses et par son propre profit, en oublie l'intérêt général ?

En poursuivant la réflexion d'Aristote, on pourrait avancer la thèse suivante. L'argent est une fiction et sa valeur est celle que la loi ou la société lui donne. L'art d'acquérir du bien ne peut être une fin en soi. L'autre manière de s'enrichir relève du commerce qui n'a pour objet que l'argent. La parcimonie portée à l'excès, ne rêve qu'à l'argent. Semblable à la cupidité, elle ne connaît aucun frein.

Plus irréelle et artificielle encore est la spéculation, où l'argent, qui est déjà une fiction, se prend lui-même pour objet et pour fin. Qu'appelle-t-on spéculation, sinon ce jeu de miroirs où l'argent se reflète à l'infini ?

L'argent, qui est une fiction, une virtualisation des biens de consommation, représente un médium de l'échange et doit se cantonner à son rôle de moyen. L'institution de l'argent est à cet égard utile et légitime. Ce qui, en réalité, est préoccupant c'est sa virtualisation.

Les nouveaux moyens de communication, aujourd'hui, favorisent des échanges de plus en plus rapides, universels et virtuels. Parallèlement, la spéculation s'est mondialisée et accélérée. Les cours de la bourse, en temps réel sur Internet, s'apparentent, de plus en plus, à un simple jeu vidéo, un jeu réflexe ou encore un jeu de casino. Dans ce contexte de jeu, l'idée de risque inhérente à la spéculation tend à disparaître.

Face à la consommation débridée que notre société connaît depuis une quarantaine d'années, Aristote militerait sans doute aujourd'hui pour une approche plus mesurée de l'économie, une exploitation plus raisonnée de nos biens et un commerce plus équitable. Il nous inviterait certainement à réinjecter du sens dans nos échanges. Aristote se serait sûrement amusé du trait d'esprit de Jules Renard : « *Si l'argent ne fait pas le bonheur, rendez-le.* »

Il aurait préféré le civisme au cynisme politique et économique et aurait condamné le futile au profit de l'utile. La recherche de la rentabilité à tout crin, après avoir produit le fordisme et le taylorisme, a conduit nos sociétés à se mondialiser, ce qui signifie essentiellement, pour les sociétés occidentales, à délocaliser ses sites de production. La révolution numérique a permis d'accélérer ce mouvement tout en réduisant au maximum les contacts et interactions humaines.

Comportements économiques et éthiques se sont séparés au point même de s'opposer bien souvent. Aristote aurait sans doute considéré comme une priorité absolue l'invention d'une nouvelle articulation entre économie et éthique, valeur marchande et valeur morale, enrichissement de la personne et de la personnalité.

L'homme d'affaires pour le Stagirite est quasi contre-nature au sein de la cité, en ce qu'il vise l'augmentation de sa richesse, et ce, de façon illimitée. Le libéral, quant à lui, sait acquérir et dépenser son argent comme il convient. En faisant circuler l'argent de manière raisonnée et raisonnable, il participe à renforcer la *philia* dans la cité.

Il ne cherche pas à acquérir de l'argent quoi qu'il en coûte. Il ne poursuit pas l'argent pour lui-même, quel qu'en soit le prix, si je puis m'exprimer ainsi. Il est celui qui use et non abuse de son patrimoine avec tempérance et libéralité.

"

Il ne faut jamais juger les gens
sur leurs fréquentations.
Tenez, Judas, par exemple,
il avait des amis irréprochables.

Verlaine.

"

20

Bienvenue à la bienveillance

Quant à la bienveillance, elle ressemble sans doute à l'amitié, mais ce n'est pas tout à fait l'amitié : car on éprouve de la bienveillance, même pour des inconnus, et sans presque s'en apercevoir ; ce qui n'a pas lieu pour l'amitié, comme on l'a déjà remarqué.

La bienveillance est une disposition générale axée vers le bien, certes, mais elle ne constitue qu'un premier pas en direction de l'amitié authentique. Aristote nous précise que cette attitude peut s'adresser à des inconnus, et qu'on peut l'éprouver presque sans s'en apercevoir. C'est un peu comme si nous étions bienveillants pratiquement à notre insu.

En effet la volonté et la réflexion sont pratiquement absentes de ce sentiment. Au fond, pour le philosophe, la bienveillance se situerait plutôt au niveau de l'intention et différerait ainsi de l'amitié qui doit se traduire en actes.

La bienveillance serait davantage le fait d'avoir de bonnes intentions, d'être bien disposé à l'égard d'autrui. Cela traduirait plus une attitude positive, une bonne volonté mais non pas une volonté agissante, laquelle seule actualiserait en acte la bonté.

Reste qu'une telle disposition, si elle devient une habitude et se traduit en actes, pourra devenir, avec le temps, une véritable amitié.

Oui, on éprouve de la bienveillance même pour des inconnus. C'est un peu ce que l'on nomme aujourd'hui la sympathie, concept qui diffère de la sympathie au sens grec. « Je le trouve sympa » ne signifie pas qu'il est mon ami. Le fait de sympathiser avec quelqu'un est certes une prémisse favorable à l'amitié mais ce n'est pas l'amitié.

Il en faut bien plus car on se souvient que l'amitié requiert du temps partagé en commun et de l'habitude.

“

La bienveillance est une petite lumière intérieure qui irradie et demeure toujours allumée dans l'obscurité.

Catherine Rambert.

”

Le clin d'œil des auteurs
L'amitié au balcon

En mars 2020, lors du premier confinement, notre rue s'est animée. En dehors des passants, nous n'y rencontrions jamais personne, et nul ne nous adressait la parole. Quand nous sommes sortis sur notre balcon tous les soirs, afin d'applaudir le personnel médical et paramédical, nous avons découvert, avec surprise et bonheur, que de nombreux voisins applaudissaient en même temps que nous. La rue, les fenêtres ont pris vie. Et nous avons sympathisé avec le voisin d'en face qui, du jardinet de sa maison, nous adressait des signes cordiaux, auxquels nous répondions avec joie. Après échange de coordonnées, et de promesses de rendez-vous non encore tenues en raison de la propagation du virus, nous nous sommes envoyé des courriels réguliers, et nous considérons aujourd'hui ces inconnus comme des amis.

21

L'inclination amorce la pente de l'amitié

L'amitié n'est pas même de l'attachement ; car elle n'est accompagnée ni de désir, ni d'une sorte d'empressement et d'inclination, caractères ordinaires de l'attachement. Celui-ci suppose quelques habitudes d'une liaison antérieure ; au lieu que la bienveillance naît d'une rencontre fortuite.

L'attachement diffère de l'amitié. L'attachement d'une certaine façon est plus proche de l'amitié que ne l'est la bienveillance. Cette dernière est plus une disposition qu'un sentiment. Elle peut se manifester à tout moment et de manière fortuite, précise le philosophe dans l'*Éthique à Nicomaque*.

La bienveillance est une attitude générale qui se manifeste au gré des rencontres. C'est une disposition qui consiste justement à être bien disposé à l'égard d'autrui. Elle ne mobilise pas particulièrement la volonté ; le temps et l'habitude n'y jouent guère de rôle. Elle est passive.

L'attachement induit un lien préalable que la bienveillance ne réclame pas. Dans l'attachement, le temps et l'habitude jouent un rôle certain. En cela, il se rapproche de l'amitié.

L'attachement implique désir et inclination, nous dit le Stagirite, pas l'amitié. On peut s'attacher à un animal, à un lieu, à un objet sans pour autant en être l'ami. Dans l'attachement, il y a certes du désir et de l'inclination pour quelqu'un ou quelque chose, mais il y manque le cœur de l'amitié qui bat au rythme de la réciprocité, de l'échange et du partage.

L'empathie est fondée sur des sentiments : nous ressentons également les émotions de la personne avec qui nous établissons un lien. La sympathie est fondée sur le soutien et l'attention : nous éprouvons du chagrin ou de la pitié pour la personne.

“

Un mot prononcé avec bienveillance engendre la confiance. Une pensée exprimée avec bienveillance engendre la profondeur. Un bienfait accordé avec bienveillance engendre l'amour.

Lao Tseu.

”

22

Le bienveillant n'est pas toujours un ami

Ainsi donc il n'est pas possible d'être ami, sans être d'abord bienveillant. (La bienveillance) (...) fait qu'on souhaite du bien à ceux pour qui on l'éprouve, quoiqu'on ne soit encore disposé à rien faire, ni à prendre aucune peine pour eux. (...) Souhaiter qu'un homme réussisse dans son entreprise, parce qu'on espère qu'il vous enrichira, ce n'est pas, à ce qu'il semble, avoir de la bienveillance pour lui, mais plutôt pour soi-même.

L'amitié présuppose la bienveillance mais la bienveillance ne présuppose pas l'amitié.

Il ne suffit pas de souhaiter pour autrui qu'il réussisse pour prétendre lui être bienveillant car sa réussite peut être intéressée. L'amitié réclame une part de désintéressement.

Souhaiter faire du bien à autrui est une chose, mais passer à l'action et le faire en est une autre.

« *La bienveillance mène à la sympathie, et la sympathie à l'amour* », nous dit Alfred de Musset. Aristote aurait pu en faire sa maxime, en substituant au mot amour, le terme d'amitié. Il confirme à sa manière le fait que la bienveillance soit en elle-même une richesse et une composante de l'amitié : « *La bienveillance donne plus d'amis que la richesse.* »

Sénèque, en fin interprète et connaisseur des mœurs humaines, nous livre son point de vue : « *On ne doit jamais sa sagesse au hasard. L'argent peut venir de lui-même. On t'offrira peut-être des charges, des faveurs, du prestige. La vertu, elle, ne te tombera pas du ciel. Pour parvenir à la connaître, ce n'est pas un mince travail. Cela mérite pourtant qu'on se donne de la peine pour acquérir d'un seul coup tous les biens. Car il n'est qu'un seul bien : la vertu.* »

L'amitié passe par la volonté de réaliser pour l'autre des bienfaits et de l'aimer comme l'on s'aime soi-même. L'amitié exige que l'on souhaite du bien à son ami pour lui-même et sans arrière-pensées.

“

Le désintéressement est l'un des caractères nécessaires de l'amitié, et ajoutons que le devoir d'un ami qui peut rendre un service, est de deviner les soucis de l'autre et de rendre le service avant qu'il ait été demandé.

André Maurois.

”

Le clin d'œil des auteurs

Celui qui possède un ami parviendra toujours à lire (sur) son visage entre les lignes de l'horizon.

23

Les obligés sont parfois oublieux

Il semble que les bienfaiteurs ont plus d'affection pour ceux qu'ils ont obligés, que ceux-ci n'en ont pour les auteurs des bienfaits qu'ils ont reçus.

Aristote fait ce constat : « *Il semble que…* ». En effet, tout se passe comme si le créancier était plus attaché à son débiteur que le contraire.

Une explication consisterait à considérer que le bienfaiteur souhaite que son débiteur vive et soit prospère, afin de se voir un jour remboursé. Inversement, le débiteur préférant que sa dette n'existât pas ne serait pas affligé de le voir disparaître.

Cette opinion, nous dit le Stagirite, « *semble tenir simplement à une faiblesse de l'humanité ; car la plupart des hommes sont sujets à oublier, et désirent plus communément qu'on leur fasse du bien, que d'en faire eux-mêmes.* »

Oui, les hommes sont prompts à oublier les bienfaits qu'on leur fait et peu enclins à en faire eux-mêmes. « *Il y a moins d'obligés ingrats que de bienfaiteurs intéressés* », nous dit justement Jean-Jacques Rousseau. Benjamin Constant, de son côté, nous rappelle du reste que « *la reconnaissance a la mémoire courte* ».

Cette faiblesse, très humaine et sans doute trop répandue, ne doit pas nous faire oublier que l'homme vertueux fait du bien à son ami, sans rien attendre en retour. En effet, si le véritable ami prodigue un bienfait à son alter ego, c'est de manière désintéressée. C'est l'amour de l'autre qui le guide et non la recherche de quelque utilité ou satisfaction future.

L'exercice de l'amitié est totalement fondé sur le présent, dans tous les sens du terme. C'est une amitié sans calcul qui se joue dans l'action. Elle opère sans préjugé, sans anticipation et sans procrastination.

“

Souvent l'obligé oublie un bienfait, parce que le bienfaiteur s'en souvient.

Guillaume-Chrétien de Lamoignon de Malesherbes.

”

24

Aimer le fruit de son travail

> *Il y a encore dans l'action du bienfaiteur quelque chose d'honorable, en sorte qu'il se plaît dans ce qui lui procure ce sentiment, tandis qu'il n'y a (...) rien d'honorable aux yeux de celui qui l'a reçu ; il n'y voit que son avantage, qui est une chose moins agréable et moins digne d'amour. Enfin, on s'attache toujours bien plus à ce qui a coûté beaucoup de peine, et c'est ainsi que ceux qui ont acquis eux-mêmes de la richesse, y tiennent plus que ceux qui l'ont reçue de leurs parents.*

À la différence de la bienveillance (*eunoia*) dont Aristote nous a dit qu'elle était le « *commencement de l'amitié* », l'amitié est définie comme active. Être l'ami de quelqu'un, ce n'est pas seulement lui vouloir du bien, c'est-à-dire être bienveillant à son égard, mais c'est agir « en vue de lui ». Il n'existe pas d'amitié véritable, si l'on n'agit pas pour le bien de son ami, sans calcul.

Par ailleurs, cette activité n'est pas, dans le cas de l'amitié, une activité unilatérale. Elle ne s'établit pas sur un lien où l'un serait actif et l'autre passif de façon définitive. L'amitié véritable implique la réciprocité.

La richesse est explicitement caractérisée comme un moyen en vue d'une fin, et même comme un outil. C'est pourquoi une vie consacrée à la richesse n'est pas une vie heureuse, parce qu'elle confond moyen et fin.

La libéralité pour notre philosophe est une vertu de la dépense, indissociable d'une vertu de l'acquisition des richesses.

L'expérience de sa libéralité est une expérience intérieure que chacun fait et elle est aussi ce que la société mesure et interprète. Ce sont les hommes, établis dans des rapports de société, qui jugeront de ma libéralité et de ma *philia*. Il n'existe pas de vertu de libéralité en soi, comme il n'existe pas de vertu de l'amitié en soi. Toute vertu se réalise et donne sa mesure dans l'action. L'individu est pris dans un réseau de relations complexes qui l'inscrit dans une structure sociale.

Ma réputation, mon honorabilité, ma notoriété, résultent de l'appréciation qui est faite de ma *philia* par mes amis, mes parents, mes proches mais aussi par tous les citoyens qui me connaissent. Tous mesurent également ma vertu au regard des lois auxquelles ils se soumettent, des règles de conduite qu'ils suivent, des comportements prescrits, des mœurs répandues, des coutumes qui ont cours et même de l'idéologie régnante.

Coup d'œil étymologique

Aristote utilise le terme *eunoia* pour désigner le sentiment de bienveillance entre deux individus qui constituent la base du fondement éthique de la vie humaine. Ce terme signifie également la bonne volonté ainsi qu'une attitude ou une action faite avec bonté. Et enfin, *eunoia* est aussi une figure de rhétorique qui qualifie la bonne volonté qu'un locuteur cultive pour son public.

25

Libre à chacun d'être libéral

Cependant il apparaît nettement qu'on doit faire aussi entrer en ligne de compte les biens extérieurs ainsi que nous l'avons dit, car il est impossible, du moins malaisé, d'accomplir les bonnes actions quand on est dépourvu de ressources pour y faire face. En effet, dans un grand nombre de nos actions, nous faisons intervenir à titre d'instruments les amis ou la richesse, ou l'influence politique.

Aristote est bien sûr un homme de son temps qui vit dans une cité, Athènes, dans laquelle l'aristocratie joue un rôle prépondérant. Notre philosophe, qui fait partie de cette classe, en défend les principes et les intérêts. Pour lui, la libéralité reste une vertu liée à la propriété et à la richesse. La modération sans la libéralité conduit à une vie pénible, et la libéralité sans la modération conduit à une vie inconsistante.

Cela pourrait sembler contradictoire avec ce qu'Aristote nous a dit précédemment, à savoir que l'on peut être plus libéral qu'un autre en donnant moins que lui, du fait que c'est la finalité que l'on poursuit qui compte avant tout. En réalité, il n'y a pas contradiction. Simplement Aristote, fidèle à sa méthode, considère la réalité dans sa complexité, et apporte régulièrement des nuances à ses propos.

Il pense que l'exercice de la libéralité est conditionné par la possession d'une certaine richesse. Pour Aristote, la finalité de l'homme libéral, au fond, de l'aristocrate grec, est de se conformer à l'idéal philosophique d'une vie de loisir. Celle-ci est une fin exigée par la nature qui demande, nous dit le Stagirite dans *Les Politiques* que « *nous soyons capables non seulement d'accomplir correctement notre labeur, mais aussi de mener noblement une vie de loisir, car c'est le principe de tout.* » C'est l'objectif que l'homme libéral doit poursuivre.

Utiliser l'argent, c'est le dépenser ou le donner, tandis que l'acquérir ou le conserver, cela relève de la possession et non pas de l'usage.

Pour Aristote, la vie de l'homme d'affaires est une vie de contrainte, et la richesse n'est évidemment pas le bien que nous cherchons : c'est seulement une chose utile, un moyen en vue d'une autre chose.

“

Un ami, c'est quelqu'un sur qui vous pouvez compter pour compter sur vous.

Jean Paulhan

”

26

Dans le don, se décline la grammaire de l'amitié

> *Et cela, il le fera avec plaisir, ou du moins sans peine, car l'acte vertueux est agréable ou tout au moins sans souffrance, mais n'est sûrement pas une chose pénible. Au contraire, celui qui donne à ceux à qui il ne faut pas, ou qui n'agit pas en vue d'une fin belle mais pour quelque autre motif, ne sera pas appelé libéral mais recevra un autre nom. Pas davantage n'est libéral celui qui donne avec peine, car il semble ainsi choisir l'argent avant la bonne action, ce qui n'est pas la marque d'une nature libérale.*

Il existe une différence notable entre le monde grec et le nôtre quant au don. La libéralité dont nous parle Aristote constituait une vertu civique d'autant plus importante qu'elle permettait à une classe d'affirmer son statut, sinon son pouvoir. L'aristocratie grecque se devait de financer la construction de temples, d'organiser des banquets et de faire des offrandes aux dieux.

Leur statut social les y contraignait d'une part et, d'autre part, il importait aux familles les plus connues et les plus puissantes de rivaliser de générosité pour asseoir leur renommée. Le mécénat était une pratique courante au cœur de la cité. Ces libéralités poursuivaient en général des objectifs militaires (lever une armée pour défendre la cité), religieux, sociaux (venir en aide aux pauvres), ou artistiques. On admet généralement que l'évergétisme[17] (la pratique du don) s'est développé surtout à partir du IVe siècle av. J.-C.

L'anthropologue Marcel Mauss[18] a montré que le don et le contre-don étaient des pratiques qui cimentaient la plupart des sociétés. Dons et contre-dons se répondent et se déclinent dans une grammaire de l'échange – « donner-recevoir-rendre » – créant ainsi une interdépendance entre les individus, grâce à laquelle le lien social s'éprouve et se recrée régulièrement.

Ces cascades de dons unissaient par des obligations subtiles l'élite gouvernante, le peuple et la cité. Les plus riches avaient le devoir moral de faire des dons à la cité. Le peuple attendait des dons de ses gouvernants comme une chose naturelle.

Daniel Pennac écrit : « *Aimer c'est, finalement, faire don de nos préférences à ceux que nous préférons.* » C'est au fond

17. Évergétisme : Constitution des clientèles en pratiquant la générosité. Le néologisme « *évergétisme* » a été créé par un historien du XXe siècle à partir du verbe « euergetéô » signifiant en grec « faire du bien » pour qualifier une pratique courante dans l'Antiquité : dans les cités qui ignoraient l'impôt sur le revenu, les particuliers les plus riches avaient le devoir moral de faire des dons à la cité pour organiser des jeux, construire des monuments, lever des armées ou soulager les pauvres…

18. Marcel Mauss (1872-1950) est généralement considéré comme le « père de l'anthropologie française ». L'un de ses ouvrages les plus connus est son *Essai sur le don : Forme et raison de l'échange dans les sociétés archaïques In Sociologie et Anthropologie*, PUF Collection Quadrige, 1968.

ce que nous prescrit Aristote. Être capable de donner ce qui fait nos préférences c'est assurément, au-delà de ce que nous donnons, faire don de soi. Il y a évidemment plus de grandeur d'âme à se départir de ce à quoi on est attaché pour en faire profiter son ami. Comme le dit Ménandre « *Le blé et la reconnaissance ne poussent qu'en bonne terre.* »

Marcel Mauss attire notre attention sur le fait que ces pratiques généreuses et désintéressées en apparence dissimulent des règles et codes sociaux très structurants qui obligent à donner, à recevoir et à rendre. Le refus de donner, de recevoir ou de rendre est souvent perçu comme la rupture d'un contrat tacite.

Refuser de donner ou de recevoir, négliger d'inviter ou de retourner une invitation, peuvent être perçus comme des affronts et même un *casus belli*.

N'assistons-nous pas à un retour de cet évergétisme avec les pratiques de crowdfunding qui se sont développées sur Internet, les opérations caritatives largement médiatisées par des personnalités du show-business, de la politique ou des affaires ? Le concert des Enfoirés avec les Restos du cœur (Coluche), le Téléthon, les Pièces jaunes (Bernadette Chirac puis Brigitte Macron), Sidaction pour n'en citer que quelques-unes, sont autant d'entreprises caritatives devenues des institutions inscrites désormais dans le calendrier de nos vies.

D'autres fondations privées, comme celle de Bill Gates, ont pris, outre-Atlantique, des dimensions phénoménales.

On peut encore relever dans nos sociétés occidentales modernes de nombreuses traces de cette « pratique du don » et du « contre-don » et ce notamment dans des proverbes : « *La charité est encore blessante pour celui qui l'accepte* » ; « *L'invitation doit être rendue, tout comme la politesse* » ; « *Les bons comptes font les bons amis* » ; « *Les cadeaux entretiennent l'amitié* »…

Le don est échange de vie ;
et la vie, échange de don.

Paul Zumthor[19].

19. Paul Zumthor (1915-1995) est un linguiste, historien et poète connu pour ses études sur la poésie du Moyen Âge notamment. Paul Zumthor, *La Fête des fous*, L'Hexagone, 1992.

Coup d'œil étymologique

La libéralité, *eleuthérios*, sous-entendant *hierá* (« fêtes sacrées ») est un terme qui à l'origine évoque la notion de liberté. C'est pourquoi le choix du mot « libéralité » en français correspond assez bien à l'étymologie du terme grec. Étienne Gilson définit l'*eleutheria* comme signifiant originellement, « le fait d'aller où l'on veut ». Cette acception rend bien compte de la dimension essentiellement négative de l'*eleutheria* qui se définit donc tout d'abord négativement comme une absence de contraintes. Voici comment cet auteur précise cette notion chez Aristote : *« Lorsqu'[Aristote] emploie le mot eleutheria, par lequel nous traduirions volontiers cette idée [de liberté], c'est un sens politique qu'il lui donne. La liberté aristotélicienne est avant tout l'indépendance, l'état d'une personne qui ne dépend politiquement ou socialement d'aucune autre [...]. Cette notion, que nous considérons comme éminemment psychologique et métaphysique, n'a d'abord été qu'une notion politique et sociale. »*

Une seconde interprétation étymologique, qui est davantage « économique », établit un lien entre l'*eleutheria* et la racine indo-européenne *leudh-*, qui signifie « croître », « se développer ».

La pensée de la liberté comme harmonie permet d'allier esthétique et éthique au cœur du concept de libéralité.

27

À tout donateur, tout honneur

Et c'est peut-être ce qui arrive aux hommes qui font à la vertu le sacrifice de leur vie : ils réservent pour eux la plus belle et la plus noble part. Ils prodigueront aussi sans peine leurs richesses, dans la vue d'en procurer de plus grandes à leurs amis ; et c'est, en effet, l'avantage que ceux-ci retireront de cette générosité, mais l'honneur en restera à celui qui l'a faite, et ainsi il s'est réservé à lui-même un bien plus précieux.

Le « soi » que l'on découvre en nous aimant nous-mêmes de façon authentique est un « soi » en devenir et qui s'actualise à travers toutes les vertus que nous pratiquons à commencer par celle de l'amitié.

Grâce à la *philia* véritable, non seulement j'ai accès à l'autre et je l'aime comme un autre moi-même, mais je le découvre aussi dans son altérité. Cette pensée peut paraître trop moderne pour le monde grec auquel appartient Aristote mais je crois qu'elle est bien là en germe et que l'on peut la lire au moins en filigrane.

Et puisque cette amitié authentique est réciproque, l'autre non seulement renvoie son image sur ma personnalité mais il y ajoute la sienne.

Aristote indique que la vie d'un homme qui poursuit le bien ne s'arrête pas à la frontière de son ego et se poursuit, se traduit et se réfléchit (dans les deux sens du terme) auprès de ses amis, de sa famille, des concitoyens, car l'être humain est par nature un animal politique.

Dans de nombreux domaines, Aristote aura lui-même pratiqué la *philia* qu'il recommande. Ainsi, il n'hésitera pas à aider ses amis et à participer à la reconstruction de sa ville de naissance Stagire lorsqu'elle fut détruite par les Perses.

Il s'attacha à obtenir de l'aide auprès de son ami Philippe de Macédoine qu'il finit par obtenir à force d'insistance.

Dans sa ville de Stagire, il donna de nombreux conseils aux habitants de la cité, tant sur le plan juridique qu'économique.

Il faut dire qu'Aristote était à bonne école car son beau-père avait constitué un exemple de premier ordre pour lui, qui avait perdu ses parents très tôt. Hermias d'Atarnée, son beau-père, incarne la vertu. Il fut pour lui le modèle de l'homme vertueux prêt à tout sacrifier et à supporter les épreuves les plus rudes jusqu'à la mort, afin de défendre son idéal. Hermias a joui d'une gloire impérissable et a été traité en véritable héros. Soumis à la torture, il refusa de révéler aux Perses ce qu'il savait et fut crucifié. Il préféra garder le silence comme l'indique Aristote pour ne rien faire qui fût indigne ou contraire à la philosophie.

> **L'amitié nous est donnée par la nature,**
> **non pour favoriser le vice,**
> **mais pour aider la vertu.**
>
> CICÉRON

Le clin d'œil des auteurs

Les mots d'amitié qu'un ami nous souffle nous (re)viennent à l'esprit comme des oracles.

28

Générer la générosité

Enfin, il est possible que l'on cède à son ami l'occasion de faire de belles actions, et qu'il y ait plus de grandeur d'âme à être cause de celles qu'il fera, qu'à les avoir faites soi-même.

Dans l'amitié véritable, la notion de dette tend à disparaître naturellement. Si la relation est fondée sur une estime réciproque et un profond respect, on doit être en mesure de s'effacer pour mettre son ami en lumière.

Cela est d'autant plus vrai si l'on bénéficie pour soi d'une notoriété plus importante que celle de son ami, les occasions de le mettre en avant sont des opportunités qu'il ne faut pas manquer de saisir, ce qui réclame néanmoins beaucoup de tact et de délicatesse. Il faut veiller à ce que votre ami, autant que possible, ne s'aperçoive pas du service que vous lui rendez. Faire la publicité d'un bienfait que l'on opère revient à le ruiner par avance puisque toute sa valeur repose sur la discrétion dont on se doit de l'entourer.

Bien plus, si vous donnez à votre ami l'occasion de briller à votre place mais que vous lui faites remarquer que, s'il a récolté des lauriers, c'est grâce à vous, alors non seulement votre bienfait a perdu toute sa valeur mais, pire encore, vous aurez vraisemblablement blessé inutilement votre ami. Vous aurez alors atteint l'objectif contraire à celui que vous vous fixiez. Votre attitude risquerait même d'être interprétée comme de la condescendance, de la charité voire de la pitié.

Aristote en pareille circonstance recommanderait une fois encore, la vertu de prudence (*phronesis*) et la juste mesure.

La dette est non ce qui écarte mais ce qui rapproche les amis. C'est toute la différence avec les autres personnes. L'ami, c'est celui qui est heureux de rendre un service sans utiliser la reconnaissance comme un instrument de pouvoir. L'amitié échappe aux écueils de la relation débiteur/créancier.

Avec mes amis, mon obsession n'est pas de m'acquitter de mes dettes – qu'elles soient morales ou physiques, matérielles ou spirituelles – mais au contraire de cultiver la reconnaissance et de souligner que je leur dois beaucoup. L'ami, c'est aussi celui qui est heureux d'éprouver de la reconnaissance.

Dans ses lettres à Lucilius, Sénèque expose sa conception de l'amitié :

« *Qui s'est fait ami par intérêt sera séduit par quelque avantage contraire à cette amitié, si, en elle, une autre chose qu'elle l'attirait. Pourquoi est-ce que je prends un ami ? Afin d'avoir pour qui mourir, d'avoir qui suivre en exil, de qui sauver les jours, s'il le faut, aux dépens des miens. Cette autre union que tu me dépeins est un trafic, ce n'est pas l'amitié : un profit l'appelle, il y va ; le gain à faire, voilà son but.*

Il ne s'agit pas ici, dis-tu, de savoir si l'amitié est à rechercher pour elle-même ou dans quelque autre vue ; si c'est pour elle-

même, celui-là peut s'approcher d'elle qui trouve son contentement en soi.

Et de quelle manière s'en approche-t-il ? Comme de la plus belle des vertus, sans que le lucre le séduise, ou que les vicissitudes de fortune l'épouvantent. On dégrade cette majestueuse amitié quand on ne veut d'elle que ses bonnes chances. »

Le clin d'œil des auteurs
Donner en toute discrétion

Quand on donne à quelqu'un que l'on aime d'amitié, il est préférable de ne pas en attendre de reconnaissance. Ce serait un mauvais calcul qui pourrait se révéler source de déception. S'il s'agit d'un bien matériel, l'ami(e) qui reçoit risque d'éprouver un sentiment de dette envers vous, de s'imaginer dans une situation d'infériorité. Suite à une gêne débitrice, à une impression d'inégalité, on peut assister, avec étonnement et chagrin, à la rupture d'un lien qui semblait inaltérable.

29

Comme le dit Aristote « Qui se ressemble s'assemble »

Cependant, il s'élève, au sujet de l'amitié, bien des questions à résoudre : les uns la font consister dans une certaine ressemblance, et soutiennent que ceux qui se ressemblent s'aiment ; d'où ces façons de parler proverbiales : Le semblable cherche son semblable ; Le geai vole auprès du geai, et autres pareilles.

Ici, Aristote fait référence à la conception de l'amitié que Socrate défend dans un dialogue de Platon intitulé le *Lysis*. Voici, dans la bouche de Socrate, deux des passages sans doute incriminés : « *Le désir est la cause de l'amitié. Or, ce qui désire a le désir de ce qui lui manque. Donc, ce qui manque de quelque chose est ami de ce qui lui manque.* » (*Lysis*, 221 d-e) et « *Le malade n'aime pas le médecin pour lui-même, mais à cause de sa maladie.* » (*Lysis* 217 a).

Dans *Le Banquet*, Platon nous rapporte le mythe de la naissance d'Éros. À l'origine, l'être humain était un, avant d'être séparé en deux moitiés qui, depuis, cherchent à se réunir. « *C'est depuis ce temps lointain qu'au cœur des hommes est implanté l'amour qui tend de deux à ne faire qu'un seul, rassemblant ainsi notre nature première.* » (*Le Banquet*, 191, c-d). Hanté par cette nostalgie d'une unité perdue, l'amour (Érôs) cherche à combler cette scission originelle.

Pour Aristote, il en va tout autrement. Un ami, ce n'est pas la fusion de deux entités disjointes mais bien au contraire la rencontre de deux altérités, de deux singularités qui s'élèvent mutuellement. À cette occasion, Aristote utilise une métaphore musicale pour critiquer la position de Platon, le fondateur de l'Académie : *« C'est comme si d'une symphonie on voulait faire un unisson.* » La symphonie jubilante et heureuse de deux êtres est bien plus riche que l'unisson d'une amitié fusionnelle.

« Qui se ressemble s'assemble », tel est le proverbe inscrit en filigrane dans le débat qui oppose Aristote et Platon.

“

L'amitié est la similitude des âmes.

Alcuin

”

Le clin d'œil des auteurs

La présence d'un ami est comme notre envers, une doublure qui nous tient chaud au cœur.

30

L'amitié, une seule âme en deux corps

> *Tous les proverbes même confirment cette opinion (l'amitié c'est une seule âme en deux corps) ; ainsi lorsqu'on dit : Une seule âme ; et, entre amis tout est commun ; et, égalité, amitié ; et, le genou est plus près que la jambe ; toutes ces façons de parler s'appliquent plus exactement à l'individu lui-même, puisqu'il est nécessairement son meilleur ami, et par conséquent c'est lui-même surtout qu'il doit aimer.*

Diogène Laërce[20] nous rapporte une anecdote concernant notre philosophe : « *Quelqu'un demandant à Aristote ce que c'est qu'un ami, il répondit : "Une seule âme en deux corps"*[21]. » Il faut se méfier de l'égoïsme fondamental dont notre nature est empreinte. Combien de fois n'avons-nous pas fait l'ex-

20. On sait peu de choses sur Diogène Laërce, ce qui constitue un fait assez ironique puisqu'il représente l'une des sources majeures sur la biographie des auteurs de l'Antiquité. Ses ouvrages les plus connus sont ses *Maximes* et les *Vies, doctrines et sentences des philosophes illustres*.

21. Diogène Laërce, *Vies, doctrines et sentences des philosophes illustres*, Traduction française sous la direction de Marie-Odile Goulet-Cazé, La pochothèque, Le Livre de poche, Librairie générale française, 1999, p. 947.

périence de céder à un élan du cœur, en souhaitant offrir par exemple un cadeau à un ami, puis au dernier moment, nous nous ravisons et nous gardons précieusement ce que nous projetions de donner.

L'amitié que Georges Clemenceau porta à l'artiste Claude Monet illustre fort bien le propos du philosophe athénien. Ces deux futurs grands hommes se rencontrèrent au Quartier latin, vers 1860. Ils partageaient alors les mêmes idées républicaines contre le Second Empire. S'admirant l'un l'autre, les deux amis se retrouvaient et s'écrivaient très souvent. Tous deux étaient des hommes d'exception au tempérament fougueux. Tous deux étaient intransigeants dans leurs combats, politiques pour l'un et artistiques pour l'autre.

Clémenceau écrivit notamment à son ami : « *Je vous aime parce que vous êtes vous, et que vous m'avez appris à comprendre la lumière. Tout mon regret est de ne pouvoir vous le rendre. Peignez, peignez toujours, jusqu'à ce que la toile en crève. Mes yeux ont besoin de votre couleur et mon cœur est heureux.* »

Le précepte d'Euripide illustre parfaitement cette relation : « *L'amour est tout ce que nous avons, le seul moyen que chacun puisse aider l'autre.* »

Leur amitié se scelle véritablement, en 1895, lorsque Clémenceau, alors rédacteur en chef du quotidien *La Justice*, écrit un article élogieux sur une exposition de son ami où il présente ses *Cathédrales* : « *Ces vingt toiles qui, réunies, représentent un moment de l'art, c'est-à-dire un moment de l'homme lui-même.* »

C'est en partie à Clémenceau, que l'artiste peintre doit la reconnaissance de son génie artistique, car comme le dit

Épicure : « *Ce n'est pas tant l'aide de nos amis qui nous aide que notre confiance dans cette aide.* »

Le 19 septembre 1918, Monet adressait au « Père la Victoire » de la guerre 1914-1918, une lettre admirable : « *Mon cher et grand ami, comme je voudrais vous embrasser et vous dire combien je suis très fier de votre amitié. Vous êtes un homme admirable auquel nous devons la prochaine et complète victoire. (…) J'espère venir à Paris bientôt pour vous dire tout ce que j'éprouve et vous serrer dans mes bras, car vous êtes notre sauveur et c'est par vous que Poilus et civils tiennent le coup.* »

À la réussite de Clémenceau, répond, chez Monet, un travail artistique exceptionnel dont l'aboutissement consiste dans la réalisation d'une œuvre majeure, au soir de sa vie : *Les Nymphéas*.

D'une exigence extrême dans son art, Monet est à la recherche de la perfection. Il passe son temps à ses toiles, afin de trouver l'impression idéale. Lorsqu'il n'est pas satisfait de son travail, il n'hésite pas à le détruire. Heureusement, son ami est là qui le soutient et l'encourage : « *Vous êtes parfaitement ridicule quand vous me dites que vous doutez de ce que vous donnerez. (…) Si vous n'étiez pas poussé en même temps par une éternelle recherche de l'au-delà, vous ne seriez pas l'auteur de tant de chefs-d'œuvre dont il était bon que notre France se parât.* » L'attention et l'amitié que lui porte Clémenceau lui seront d'un grand secours dans le défi artistique que le peintre s'est imposé dans les dernières années de son existence. Pablo Neruda n'a-t-il pas raison lorsqu'il écrit : « *Il meurt lentement celui qui détruit son amour-propre, celui qui ne se laisse jamais aider.* »

Au fond, c'est un peu une amitié de cette nature qu'Aristote a connue envers son ami Philippe, roi de Macédoine. Voici l'une des rares lettres dont on a conservé le témoignage, dans laquelle Philippe annonce à son ami philosophe la naissance d'un fils dans un style très militaire qui lui seyait fort bien : « *Philippe, roi de Macédoine, à Aristote, salut. Sachez qu'il m'est né un fils : je remercie les dieux, non pas tant de me l'avoir donné, que de l'avoir fait naître du temps d'Aristote. J'espère que vous en ferez un roi digne de me succéder et de commander aux Macédoniens.* » Dans cette missive, Philippe indique clairement son souhait de voir l'éducation de son fils Alexandre, être prise en charge par son ami philosophe.

“

L'amour véritable commence là où tu n'attends plus rien en retour.

Saint-Exupéry.

”

31

Le bonheur (p)résume l'amitié

> *On demande encore, au sujet de l'homme heureux, s'il a besoin, ou non, d'avoir des amis. (...) De là cette pensée d'un poète :* « Lorsque la Divinité vous comble de biens, qu'a-t-on besoin d'amis. »

Aristote cite ici un vers de l'Oreste d'Euripide. Le passage cité par le philosophe est précédé de cette mention : « *C'est précisément dans l'adversité que les amis doivent secourir leurs amis.* »

Un homme comblé a-t-il besoin d'amis ? Pour répondre à cette question, Aristote nous rappelle que si l'amitié est le bien le plus précieux, alors à l'homme que la providence aurait pourvu de tous les biens mais qui n'aurait pas d'ami, il manquerait la chose la plus éminente qui soit, c'est à dire un ami.

Il est évident aussi qu'un homme seul ne pourra pas exercer sa vertu sur autrui. Or, pour le Stagirite, la vertu n'est rien si elle n'est pas exercée. La morale aristotélicienne est bien une éthique de la pratique. Une velléité ou une potentialité n'a de sens que si elle s'exerce et se réalise en actes.

D'autre part, si la bienveillance et la générosité sont de nobles sentiments, indispensables à la réalisation du bonheur de l'homme sage, alors il faut bien qu'il ait un ami ou des amis pour pratiquer son altruisme. Il lui est indispensable de pouvoir répandre ses bienfaits sur d'autres personnes.

Aristote pense qu'il est meilleur et plus noble de gratifier un ami ou un proche plutôt qu'un étranger. Pour lui, l'homme vertueux cherchera prioritairement à offrir ses bienfaits à ceux envers lesquels il éprouve une *philia* véritable.

Enfin, notre moraliste attire notre attention sur le fait que l'on jouit bien mieux d'un bienfait si on le partage, que si l'on est seul à en avoir connaissance. De même, il est absurde d'imaginer un être parfaitement heureux qui vivrait seul, isolé de tous. L'homme est par nature un animal destiné à vivre en société. Il est évident aussi qu'il sera plus profitable à l'homme vertueux de vivre avec des amis, vertueux comme lui, plutôt qu'avec des étrangers.

Aristote précise que « *nous sommes plus capables d'observer ceux avec qui nous vivons, que de nous observer nous-mêmes, d'apprécier leurs actions, que de juger nos propres actions ; or, les actes de vertu, quand ils viennent de ceux qu'il aime, touchent vivement le cœur d'un homme vertueux.* »

Un ami nous comprend au-delà des apparences. Il nous rend justice en toute occasion. Il nous aide à aller, au risque de se perdre, où notre destin nous appelle.

FRANCESCO ALBERONI[22].

Le clin d'œil des auteurs

L'amitié est un trait d'union, un traité de paix et une marque d'alliance. L'ami(e) est le point de réflexion et d'inflexion où se recueille notre identité. L'ami(e) est notre miroir du monde.

22. Francesco Alberoni, né en 1929, est un journaliste et sociologue italien qui s'est fait connaître grâce à la publication de son essai *Le Choc amoureux*, Éditions Ramsay, 1981.

32

L'amitié cède à la félicité, non à la facilité

> *Si donc l'existence est désirable en soi, pour l'homme au comble de la félicité, attendu que naturellement la vie est un bien et une jouissance, l'existence d'un ami est à peu près au même degré désirable, et l'ami sera au nombre des choses qu'on doit souhaiter. Mais ce qu'on doit souhaiter pour soi-même, il faut qu'on le possède. (...) Donc, pour qu'un homme puisse jouir d'une félicité parfaite, il faudra qu'il ait des amis vertueux.*

Une vie humaine, si riche soit-elle de tous les autres biens, ne peut être accomplie sans *philia* car l'homme est un être social par nature.

La vie se caractérise de façon essentielle par l'activité de la perception et de la pensée. Pour le philosophe, ce qui différencie l'homme des animaux, c'est le fait que nous ayons conscience que nous pensons et sentons. Dans cette réflexivité du savoir et de la perception, l'homme prend conscience de sa propre existence. L'amitié nous éclaire sur nous-mêmes et sur notre destin. L'amitié est une lumière qui (se) réfléchit, dans tous les sens du terme, sur notre vie.

« *Je préfère marcher avec un ami dans l'obscurité, que seule dans la lumière* », nous dit avec raison Helen Keller[23].

Pour Aristote, la connaissance de soi n'est pas immédiate, elle doit être médiatisée par autrui. Qu'est-ce donc alors que l'amitié, sinon un processus de médiatisation de la conscience de soi via un autre soi-même, l'ami. À la racine de notre existence, autrement dit de notre conscience d'exister, on trouve le lien qui nous unit aux autres. Notre vie est ancrée de manière originale et originelle dans une *philia*.

Le bonheur n'est pas une possession, une richesse qui, une fois acquise, devrait être mise en sûreté à l'abri des regards envieux. Le bonheur n'est pas non plus un bien qui nous serait attaché comme un titre de propriété. Le bonheur n'est pas non plus une caractéristique, un signe distinctif, qui nous serait donné et que nous aurions pour mission de préserver au mieux.

Le bonheur s'écrit et se traduit dans la vie pratique de chacun. Pour le Stagirite, le bonheur ne peut se concevoir en dehors de l'action. Le bonheur n'est pas un état, mais une activité. On ne possède pas le bonheur, le bonheur constitue plutôt notre manière d'être au monde.

---

23. Helen Keller (1880-1968) s'est fait connaître notamment par son autobiographie intitulée S*ourde, muette, aveugle : histoire de ma vie,* Première publication en 1903, traduction de l'anglais par A. Huzard, Payot & Rivages, 2001. Cet ouvrage a inspiré la pièce et le film *Miracle en Alabama*.

"

Ami, ne t'en va plus si loin.
D'un peu d'aide j'ai grand besoin,
Quoi qu'il m'advienne.
Je ne sais où va mon chemin,
Mais je marche mieux quand ma main
Serre la tienne.

ALFRED DE MUSSET.

"

33

L'amitié prospère aussi dans l'adversité

> *Mais a-t-on plus besoin d'amis dans la prospérité que dans l'adversité ? On en cherche au moins dans l'une et l'autre situation ; car les infortunés ont besoin d'assistance, et les gens heureux ont besoin de trouver des personnes avec qui ils puissent vivre, et à qui ils puissent faire du bien.*

La dette morale, psychologique voire financière que l'on contracte auprès d'un ami, ne doit pas constituer un danger pour la relation si la *philia* que partagent les deux amis est authentique. Au contraire, la dette, loin d'éloigner les amis, les rapproche. Cela n'est évidemment vrai que dans l'amitié véritable qui ne s'embarrasse pas d'une comptabilité des services rendus et des bienfaits reçus.

L'ami doit être heureux de rendre un service à son ami sans attendre rien en retour. L'amitié échappe aux relations débiteur/créancier. En effet, c'est aussi un charme et un plaisir de l'amitié que de pouvoir rappeler à son ami qu'on lui doit beaucoup. « *On transforme sa main en la mettant dans une autre* », écrit le poète Paul Éluard.

Idéalement, l'amitié doit sortir du champ de l'économie pour tenter de rejoindre celui de l'incommensurable et du désintéressement. La reconnaissance constitue aussi une des pierres de touche de cette vertu.

« *L'amitié, après la sagesse, est le plus beau présent que l'homme ait reçu des dieux* », écrit Cicéron. Le bonheur d'éprouver de la reconnaissance envers un ami n'est sans doute pas moins grand que celui de procurer un bienfait.

“

On voit qu'un ami est sûr quand notre situation ne l'est pas.

Cicéron.

”

Le clin d'œil des auteurs
Accord parfait

Vous avez de la chance si vous partagez avec vos amis à la fois votre bonheur et vos peines. C'est l'accord parfait majeur en musique, *do*, *mi*, *sol*... dans une symphonie dont le chef d'orchestre s'appelle : amitié.

34

Même dans l'infortune, l'amitié reste un trésor

En effet, la seule présence des amis est un charme, aussi bien dans la bonne que dans la mauvaise fortune : car ils allègent nos chagrins, en les partageant ; et c'est pour cela qu'on ne saurait dire si c'est comme un fardeau dont ils nous allègent, en le supportant en partie avec nous, ou bien, si le plaisir que nous fait leur présence, et la pensée qu'ils s'affligent avec nous, rendent nos peines moins vives.

La façon dont nous évaluons notre caractère moral se rapporte à nos actions et à notre vie. La façon dont le sujet peut se connaître lui-même, n'est jamais directe ou immédiate.

Le lien qui nous unit à l'autre dans toute forme d'authentique amitié s'enracine de la façon la plus profonde dans notre existence. « *Blâme ton ami en secret ; vante-le devant les autres* », nous conseille Léonard de Vinci.

Ce qu'Aristote veut mettre en relief, c'est que nous ne pouvons pas nous faire une idée précise de notre vertu, ni trouver nos vies intéressantes et agréables, tant que nous ne nous regardons pas au miroir de l'amitié. C'est à travers le regard de l'autre que nous prenons conscience de nos actions.

Aristote précise dans *La Grande Morale* : « *Comme lorsque nous voulons voir notre visage, nous le regardons dans un miroir, de la même façon, quand nous désirons nous connaître nous-mêmes, nous pourrons le faire en nous regardant dans l'ami. L'ami est en effet, comme nous l'avons dit, un autre soi-même.* »

La participation active de chacun des amis aux idéaux qui inspirent les choix de l'autre permet à chacun d'eux de prendre conscience de la valeur et de la bonté de leur propre pratique morale.

La *philia*, en effet, « *est le choix d'une vie en commun* » fondée sur la reconnaissance réciproque et sur la poursuite d'un ensemble de biens communs.

“

Le difficile n'est pas d'être avec ses amis quand ils ont raison, mais quand ils ont tort.

Malraux.

”

35

L'amitié est le langage de la consolation

Sa seule vue a d'abord quelque chose de doux, surtout pour l'infortuné ; elle est, en quelque manière, une assistance contre l'affliction : car un ami, pour peu qu'il ait d'adresse et de délicatesse, trouve l'art de consoler par son seul aspect et par ses discours, ayant la connaissance du caractère de celui qui souffre et de ce qui est propre à lui causer du plaisir ou de la peine.

Sans doute Aristote a-t-il à l'esprit les vers d'Euripide : « *Il est doux de goûter le bonheur avec ses amis : mais s'il nous survient quelque infortune (ce qu'aux dieux ne plaise !) quel charme ne trouve-t-on pas à attacher ses regards sur ceux d'un être bienveillant ?* »

Cette représentation « fusionnelle » de l'amitié semble bien loin de celle des différents médias sociaux où les amis se moissonnent par centaines et les followers par milliers. Pour Montaigne, la qualité et l'unicité dépassent de loin la quantité.

N'est-il pas certains cas où le fait d'être un groupe d'amis (à trois ou quatre, par exemple), renforcerait le sentiment d'amitié ? N'est-il pas des circonstances dans lesquelles partager avec l'un nous procure de quoi partager plus encore avec d'autres ? Si les amitiés véritables sont sans doute peu nombreuses, limiter celles-ci à une seule n'est-il pas trop radical ?

De Péguy à Sophie Swetchine[24], en passant par Katherine Mansfield, depuis toujours et sous tous les cieux, souvent comparée à une jumelle de l'amour, l'amitié a pu faire l'objet d'un coup de foudre, naître et se vivre, entre deux êtres, comme une évidence.

« *Heureux deux amis qui s'aiment assez pour (savoir) se taire ensemble* », écrit le poète Charles Péguy qui met le silence au diapason d'un dialogue.

« *J'ai toujours eu le sentiment que l'immense privilège de l'amitié est de ne rien avoir à expliquer* », constate l'écrivaine anglaise devant un sentiment qui se suffit à lui-même.

« *L'idéal de l'amitié, c'est de se sentir un et de rester deux* », souligne la salonnière et épistolière russe, qui évoque le bien-être que suscite l'osmose.

C'est une chance de se choisir ensemble et réciproquement, dès le premier instant. Traçant l'invisible passerelle d'un cœur qui bat à l'unisson, l'égalité s'établit d'elle-même, et déjoue les pièges de l'envie, d'une potentielle rivalité qui ne dit pas son nom.

---

24. Sophie Swetchine (1782-1857), est une femme de lettres et épistolière d'origine russe qui tenait un salon littéraire à Paris. Sophie Swetchine, *Choix de Méditations et de pensées chrétiennes*, Tours, Alfred Marne et fils, 1867, p. 148.

Ce qui rend les amitiés indissolubles et double leur charme est un sentiment qui manque à l'amour : la certitude.

BALZAC.

Le clin d'œil des auteurs
La télépathie

Vous arrive-t-il de téléphoner à une relation proche, afin de prendre spontanément de ses nouvelles, et que ses premiers mots soient : « *Ah, c'est drôle, j'attendais justement un appel de toi, j'ai quelque chose à te dire.* » Ou bien, sans que rien ne vous y prépare, de recevoir un appel inattendu auquel vous aviez pensé quelques heures auparavant ? C'est ce que nous appelons la télépathie, et, à force d'en être les acteurs, ou les témoins, nous y croyons dur comme fer. Parce que l'amitié, comme l'amour, crée une onde invisible entre les êtres.

36

L'amitié est aussi affaire de mérite

Mais l'amitié parfaite est celle des hommes vertueux, et qui se ressemblent par la vertu ; car ceux-là ont, les uns pour les autres, une bienveillance fondée sur le mérite propre et personnel de chacun d'eux, et ils sont bons par eux-mêmes.

De telles amitiés sont fort rares, nous dit Aristote. Tout d'abord parce qu'elles sont fondées sur un véritable désintéressement et que ceux qui en sont capables sont peu nombreux. Ensuite, il faut de la patience pour que de telles amitiés se concrétisent et se consolident.

Le temps joue, en effet, un rôle essentiel pour le philosophe dans la construction de l'amitié. Il nous rappelle, à cette occasion, un proverbe qui dit que « *les amis doivent avoir partagé plus d'un boisseau de sel* » pour s'éprouver.

Un boisseau, au temps de la Grèce antique, équivaut aujourd'hui à 8,64 litres de sel, ce qui correspondrait à une consommation de sel de deux personnes pendant deux ans environ. Cicéron, en fin œnologue, abonde dans le même sens en ajoutant son grain de sel : « *Il en est de l'amitié, comme de certains vins, qui sont d'autant meilleurs qu'ils sont plus vieux.* »

Et pour poursuivre la métaphore vinicole, Colette, qui n'aime guère mettre de l'eau dans son vin, nous avertit : « *Il est bon de traiter l'amitié comme les vins et de se méfier des mélanges.* » L'amitié ne survient pas du jour au lendemain, insiste le philosophe, il faut que les deux parties se découvrent, dans les deux sens du terme, et qu'une relation de confiance s'instaure. Vouloir être ami ne suffit pas, l'amitié doit se réaliser en acte. « *Ceux qui s'empressent de faire toutes les avances propres à fonder une pareille liaison, veulent sans doute être amis ; mais ils ne le sont pas encore (…) Le désir de l'amitié vient donc assez promptement, mais non pas l'amitié elle-même* », conclut-il.

La ressemblance et des goûts communs peuvent être le prétexte d'une amitié, mais le texte de ce sentiment durable devra s'écrire sur la page du temps et le mot de la fin, l'épilogue, reviendra à la vertu.

“

Quelle noblesse d'avoir un ami,
mais combien plus noble d'être un ami.

Richard Wagner.

”

Coup d'œil étymologique

Pour parler de « confiance », Aristote utilise le terme de *pistis*. Ce terme renvoie, en Grec, à l'idée d'accorder sa confiance, de donner crédit à quelqu'un. Ce mot évoque également la fidélité, l'engagement et le serment. Pour le philosophe, la confiance ne se décrète pas, elle se gagne avec le temps, l'habitude et la connaissance de soi et de son ami.

37

Tel un beau jardin, l'amitié demande de l'entretien

> *Une longue absence semble au moins la faire oublier ; d'où est venu le proverbe :* « Souvent le défaut d'entretien rompt et détruit l'amitié. » *(...) Rien n'est plus pénible que la solitude, même pour ceux qui possèdent des trésors.*

L'amitié s'inscrit dans le temps et se conforte des habitudes prises ensemble. L'éloignement des lieux ne rompt pas absolument l'amitié, nous dit Aristote, mais il en interrompt les effets et les actes. L'absence de contact risque de fragiliser le lien d'amitié qui demande à être entretenu. Aristote en profite pour rappeler un proverbe de son temps : *« Souvent le défaut d'entretien rompt et détruit l'amitié. »*

L'amitié est un jardin qui réclame de l'attention, de l'amour et de la prévoyance. Les jours de morosité, elle sera un abri pour l'âme, à condition d'avoir veillé sur ses plantations. C'est le plus sûr moyen de récolter les fruits de ce sentiment si précieux.

Aujourd'hui, les possibilités de connexions virtuelles sont nombreuses et peuvent parfaitement combler l'absence.

Le téléphone, les mails, les tchats, les SMS, les applications comme WhatsApp et bien d'autres, sont rentrés dans notre quotidien.

Personne ne choisirait de vivre sans ami, quand bien même il jouirait de tous les biens, nous dit Aristote. Oui, l'amitié est le bien le plus précieux qui soit comme en convient Euripide : « *Celui qui préfère la richesse ou la puissance à des amis sûrs n'a pas son bon sens.* »

“

Toutes les grandeurs de ce monde ne valent pas un bon ami.

Voltaire.

”

Le clin d'œil des auteurs
Ombre et lumière

L'ombre de mon ami(e) vient se projeter sur mon avenir dont elle dessine les contours. Et même si cette ombre obscurcit un peu mon présent, du fait de l'absence, elle illumine pourtant mon destin.

38

Accord parfait entre justesse et justice

> *L'amitié même se mesure sur la quantité des rapports communs ; car la justice y intervient aussi dans la même proportion. Et le proverbe* « Entre amis, tout est commun » *est, à cet égard, d'une parfaite justesse.*

« *Entre amis, tout est commun* » est une sentence que l'on prêtait à Pythagore. On a vu que l'habitude, le fait de voir le monde de manière commune constituait l'une des pierres angulaires de la *philia*.

Les mots *compagnon* ou *copain* en français traduisent bien cette notion puisque le « com-pain », étymologiquement, est celui avec qui on partage le pain. Pour Aristote, l'amitié se fonde sur une communauté, une mise en commun. À cet égard, ne nous dit-il pas que l'amitié, c'est deux âmes dans un même corps ?

Deux amis forment donc une communauté de base au même titre qu'un couple ou une famille. Ensuite il existe des corporations, des clubs, des associations, des syndicats, autant de structures qui défendent des buts différents, et qui sont fondées sur l'utilité ou le plaisir.

Toujours dans l'*Éthique à Nicomaque* (Livre VIII), Aristote nous dit que « *toutes les associations semblent n'être que des parties de la société politique, et, par conséquent, le caractère de chacune d'elles se reproduira dans autant d'espèces d'amitiés différentes* ».

L'homme est un animal communautaire. Aristote utilise le mot grec *koinônia* que l'on peut traduire par communauté (*koinon* signifiant « commun »).

Les hommes, en effet, ne peuvent vivre isolés. Ils appartiendraient bien, de ce point de vue, à la catégorie des « animaux grégaires », des animaux qui vivent en troupeaux.

L'homme ne peut exister que dans et par la communauté des autres hommes. Dans la cité grecque, chacun est placé dans tout un réseau d'« amitiés ». La communauté politique dotée d'une Constitution, autrement dit la cité, constitue la forme la plus aboutie et la plus organisée de ces communautés, elle en est, en quelque sorte, la superstructure.

La société civile semble n'avoir été établie et ne se maintenir, qu'en vue de l'intérêt commun.

D'une part, le nourrisson, on le sait, est totalement tributaire dc ses parents.

D'autre part, ce qui caractérise l'humanité c'est le langage. Or la langue est une communauté. Elle établit un lien entre les hommes et constitue l'un des fondements de leurs échanges.

La conscience de soi et la connaissance de soi passent nécessairement par le prisme de l'autre.

Enfin, l'homme est un animal politique. Sa vie est conditionnée par des échanges et des transmissions de savoirs au sein d'une communauté.

“

**Il ne faut pas oublier que,
tandis que le partage de la joie
en accroît l'étendue sur cette terre,
le partage de la douleur n'en diminue pas la somme.**

OSCAR WILDE.

”

Coup d'œil étymologique

Oikos désigne principalement la famille athénienne. Terme polysémique, *l'oikos* renvoie autant à la « maison », à la « maisonnée », au « patrimoine », à la « famille », au « groupe familial restreint » qu'au « foyer ». *L'oikos,* dans son sens le plus étendu, recouvre une unité plus large que la seule famille nucléaire, incluant des parents plus ou moins éloignés et des amis. Globalement, cette structure rassemblerait ce que l'on nomme aujourd'hui « les proches ». Dans son sens restreint, *l'oikos* englobe la communauté qui vit sous le même toit, en gros ce que nous nommons « le foyer », auquel il faut ajouter les esclaves liés à la domesticité de la maison. Pour le philosophe, *l'oikia* est l'unité de base de la société sur laquelle va se fonder la cité, par le cumul et l'association des familles.

39

Que sont les ami(e)s d'enfance devenu(e)s ?

Cela se voit surtout après un intervalle de temps considérable, comme dans les amitiés contractées dès l'enfance : car, si l'un reste enfant sous le rapport de la raison, lorsque l'autre sera devenu un homme accompli, comment pourraient-ils être amis, n'ayant point les mêmes objets d'intérêt, n'étant susceptibles ni des mêmes plaisirs, ni des mêmes peines ?
Il n'y aura entre eux aucune de ces causes d'attachement réciproque, sans lesquelles il est impossible qu'on soit amis, sans lesquelles nous avons déjà dit qu'on ne saurait vivre ensemble.

La question que pose Aristote est pertinente. Qui n'a pas été confronté un jour à ce dilemme ? Dois-je continuer à entretenir un lien avec un ami d'enfance, alors que nos chemins professionnels et personnels ont largement divergé ?

Le sentiment réciproque d'un trop grand éloignement peut facilement justifier que l'amitié ne survive pas à une longue séparation.

L'amitié de l'enfance est complice, libre et sincère. C'est un lien inconditionnel qui se nourrit de jeux, de combats et de réconciliations aussi simples qu'innocents.

Les amis d'enfance nous racontent des moments merveilleux et magiques. C'est avec eux que nous apprenons non seulement à faire confiance, mais aussi à découvrir la notion de responsabilité à l'égard d'autrui.

Peu importent le temps et la distance. Des années et des années peuvent passer, quand on les rencontre, il reste de ce temps privilégié de l'enfance quelque chose qui vous lie.

Être choisi(e), un miroir aux alouettes ? Cela vous est-il arrivé ? Un soir, sans savoir pourquoi, lors d'une réunion amicale, un(e) inconnu(e) vous sourit, vient vers vous, n'hésite pas à se mêler à toutes vos conversations, voire à vous coller, en acquiesçant à tous vos propos, en riant bêtement à vos jeux de mots et en vous accompagnant partout, comme si vous étiez de vieilles connaissances.

On échange les numéros de téléphone, on se revoit, cette personne est toujours là quand vous en avez besoin. Elle se rend indispensable. Elle s'invite dans vos plannings, en étudiant vos déplacements et en se trouvant dans des lieux, où, justement elle avait affaire ce jour-là. Elle se rapproche de vos ami(e)s, organise des petites fêtes, en les conviant pour une ambiance réussie et pour vous faire plaisir.

Elle est devenue indispensable. Jusqu'au moment où, après avoir abusé de votre patience et de votre empathie, elle intervient dans votre vie d'une façon tellement brutale et déplacée que votre seule issue est la rupture. Elle peut réussir à détourner quelques proches qui, sur une médisance, se détacheront de vous. Dans ce cas, sans aucun complexe, criez vite « bon débarras » et prenez vos jambes à votre cou !

“

Les amitiés se mesurent au vide qu'elles comblent ou au vide qu'elles laissent après elles.

JEAN-NAPOLÉON VERNIER[25].

”

25. Jean-Napoléon Vernier (1807- 1885) est un poète connu pour ses *Fables, pensées et poésies.*

40

L'enfance bat comme un écho au cœur de l'amitié

> *Mais faut-il être, envers celui qui fut votre ami, dans les mêmes termes que s'il ne l'avait jamais été, ou conserver quelque souvenir de la liaison qui a existé précédemment ? De même que nous nous croyons obligés de nous montrer plus empressés avec nos amis qu'avec les étrangers, ainsi nous devons accorder quelque chose au souvenir d'une amitié qui n'est plus, à moins que ce ne soit une excessive perversité qui nous a mis dans le cas de rompre.*

Les amis d'enfance que l'on a perdus de vue semblent avoir été perdus pour de bon. Et pourtant, rien n'est moins sûr. Avant la Covid, les hasards de la vie mais aussi l'existence de certaines associations (club de sport, amicale d'anciens élèves…) rendaient possibles certaines retrouvailles.

Y a-t-il une fatalité qui condamnerait d'avance toute tentative de renouer un lien distendu ou rompu avec un ami d'enfance ? Je ne le crois pas ! S'il est fréquent que des amis d'enfance ne se reconnaissent pas, n'aient plus rien à se dire lorsqu'ils se retrouvent, il est tout aussi fréquent qu'ils renouent.

Le socle de l'amitié recouvrée peut être de nature différente selon les cas et leurs causes tout aussi diverses. L'un des moteurs les plus puissants de ces reprises d'amitié est le fait de retrouver une part de l'enfance dont l'autre a été témoin. Si les souvenirs qui remontent à la surface, à l'occasion de ces retrouvailles, sont heureux, émaillés de complicité, il est fort probable que la soudure se fasse.

Une autre condition favorable à ce regain amical advient lorsque les deux amis qui se retrouvent ont de l'estime d'une part pour eux-mêmes, mais aussi l'un pour l'autre. Dans ce cas, la greffe a toutes les chances de reprendre.

Le fait que deux amis d'enfance se soient découvert des passions, des talents, des centres d'intérêt commun dans leur enfance jouera aussi en faveur d'une renaissance de leur sentiment d'amitié.

Enfin, deux amis d'enfance peuvent s'être estimés sur le plan moral et intellectuel et si tous deux ont poursuivi et parfait leur développement de ce point de vue, alors ils ont, sans le savoir, amender la terre sur laquelle pourra prospérer leur amitié renouvelée.

De son côté, Jean-Jacques Rousseau, dans un petit opuscule intitulé *Pensées d'un esprit droit, et sentiments d'un cœur vertueux* montre un plus grand pessimisme : « *Il n'y a rien de plus incertain et de plus fragile que les amitiés humaines. II faut des années pour les former, et il ne faut quelquefois qu'un moment pour les détruire ; et ce qu'un instant a détruit, un siècle ne le rétablirait pas. Les amitiés fondées sur l'honneur et sur la vertu, ne sont pas susceptibles de cet inconvénient.* »

“

Ce n'est ni l'amitié ni la bonté qui nous manquent, mais nous qui manquons à l'amitié et à la bonté.

Marcel Jouhandeau.

”

41

À force de vivre ensemble, on se ressemble

> *Mais l'amitié des gens de bien, accrue par une continuelle fréquentation, devient vertueuse ; et il est naturel qu'ils s'améliorent à mesure qu'ils continuent de vivre ensemble, et qu'ils se perfectionnent par une influence réciproque ; car ceux qui sont unis par une affection mutuelle, se modèlent, pour ainsi dire, les uns sur les autres.*

La vertu de l'amitié a-t-elle souffert des confinements et des couvre-feux que nous avons subis avec la Covid ? La question mérite d'être posée d'autant plus, on s'en souvient, qu'Aristote conditionne la *philia* à l'habitude qu'ont les amis de se voir et d'entretenir ainsi le lien puissant qui les unit.

« *Qui néglige les marques de l'amitié, finit par en perdre le sentiment* », nous dit William Shakespeare.

La fréquentation, voilà un point sur lequel le philosophe athénien est revenu à maintes reprises. Du reste, le livre IX de l'*Éthique à Nicomaque*, consacré à l'amitié, se termine sur une description détaillée des activités et des plaisirs que les amis peuvent partager :

« Et ce qui constitue principalement l'existence pour chacun d'eux, ce qui leur fait aimer la vie, est précisément ce qu'ils se plaisent à faire avec leurs amis. Voilà pourquoi les uns passent leurs jours à boire ensemble, ou à jouer aux dés ; d'autres, à s'exercer dans les gymnases ; d'autres, à la chasse, ou à traiter ensemble des questions de philosophie ; tous consacrant leurs jours à s'occuper en commun des choses qu'ils regardent comme les plus grands plaisirs de la vie. »

« Au reste, peut-être faut-il prendre garde de déplaire à ses amis, en s'obstinant à refuser leurs services, comme il arrive quelquefois », ajoute-t-il encore.

Vous avez sans doute déjà fait cette expérience. Voilà X ou Y qui vous appelle, pour vous demander un conseil qui ne saurait attendre. Et qui va s'avérer totalement inutile. Vous écoutez un flot de paroles, entrecoupé de : *« Je ne sais pas ce que tu en penses »* ou de *« t'es pas de mon avis ? »*. Mais, à chaque fois que vous vous exprimez, on vous coupe la parole, car votre recommandation n'est pas recevable. En quelque sorte, en se donnant raison, X ou Y préfère avoir tort dans sa position, ce qui, comme prévu, lui sera démontré ultérieurement. Pour l'heure, on vous demande votre conseil… pour ne pas le suivre.

“

**On ne doit jamais sa sagesse au hasard.
L'argent peut venir de lui-même.
On t'offrira peut-être des charges, des faveurs, du prestige. La vertu, elle, ne te tombera pas du ciel. Pour parvenir à la connaître, ce n'est pas un mince travail. Cela mérite pourtant qu'on se donne de la peine pour acquérir d'un seul coup tous les biens. Car il n'est qu'un seul bien : la vertu.**

SÉNÈQUE.

”

Le clin d'œil des auteurs

Pur cristal, l'amitié est l'écrin du jour où les amis se sont rencontrés mais aussi l'écrin de tous ceux où ils vont se retrouver. Au solstice du bonheur, l'amitié illumine leur vie.

42

L'habitude est l'habit de l'amitié

D'ailleurs, ce qu'on appelle un simple goût semble être plutôt une affection fugitive, et l'amitié une disposition, ou manière d'être, constante. En effet, le simple goût peut se manifester aussi pour des choses inanimées ; au lieu que la réciprocité d'attachement suppose un choix, une préférence, et la préférence réfléchie vient de l'habitude. (...)

Aristote en profite pour réhabiliter la notion d'habitude. N'oublions pas que, pour lui, la vertu s'acquiert en infléchissant peu à peu le caractère de la personne par des actions maintes fois accomplies.

En parlant de l'amitié, Jean-Jacques Rousseau en s'adressant à son ami Monsieur Du Peyrou, dans une lettre du 12 avril 1765, fait lui aussi l'éloge de l'habitude : « *Les vrais épanchements du cœur veulent non seulement l'amitié, mais la familiarité, et la familiarité ne vient que par l'habitude de vivre ensemble. Puisse un jour cette habitude si douce donner, entre nous, à l'amitié tous ses charmes !* ».

L'habitude, en effet, n'est pas une simple répétition de moments ou d'événements que partageraient des amis.

Non, elle est bien davantage. Pour les amis, l'habitude est une manière d'habiter le monde, de conjuguer leur vision de ce même monde et de s'habituer l'un à l'autre.

Cette inclination pour l'habitude traduit une certaine forme de détachement, une faculté à se faire un peu le spectateur de sa propre vie. Ce qui était de l'ordre du factuel, prend soudain une nouvelle dimension et passe dans l'ordre du symbolique. Le réel est comme nimbé d'un peu de magie, les événements ne se succèdent plus dans une fuite éperdue, mais, frappés du sceau de la répétition, ils entrent dans l'histoire.

L'habitude répond aussi à un principe d'économie et de plaisir qui convient aux amis. Elle dispense de perdre son temps à réinventer ce que l'on a déjà expérimenté, elle permet de prendre des décisions sans avoir à délibérer, hésiter, choisir. L'insolite, l'improvisation et la nouveauté qui lui font défaut sont compensés par la sécurité, le confort et le pouvoir structurant qu'elle possède.

“

L'amitié n'exige rien en échange,
que de l'entretien.

Georges Brassens.

”

Le clin d'œil des auteurs

Lorsque notre ami(e) est absent(e), notre mémoire lit en braille le visage de l'amitié.

43

Au cœur de l'amitié, s'invite l'habitude

Ce n'est pas par l'effet d'une affection momentanée qu'on peut vouloir du bien à ses amis pour eux-mêmes, mais par habitude.

Ce que l'on néglige sans doute trop souvent, c'est que la force de l'habitude consiste peut-être davantage dans sa dimension poétique que dans sa répétition. Elle a, en effet, le pouvoir de cristalliser dans un événement tous les événements passés qui s'y sont empilés. D'où l'importance de laisser au temps l'initiative de frayer pour nous des habitudes.

Ainsi, par exemple, si toutes les semaines, le mercredi à 14 heures, depuis dix ans, je retrouve mon meilleur ami pour jouer aux échecs, alors, à n'en pas douter, dans chacun de ces rendez-vous du mercredi à 14 heures, ce sont des centaines d'autres mercredis qui se mettent en perspective.

Ce rendez-vous possèdera alors pour les deux amis, le charme et la magie d'un passé ressuscité et d'un avenir anticipé. L'habitude semble nous libérer de la fuite du temps, en nous offrant l'illusion de l'impossible synthèse du passé, du présent et du futur.

> **Le temps confirme l'amitié.**
>
> Henri-Dominique Lacordaire[26].

Coup d'œil étymologique

L'habitude en Grec ancien se nomme « éthos ». Il s'agit d'un concept qui a beaucoup plus de force et d'extension sémantique que le mot « habitude ». Le titre même du livre dans lequel Aristote traite de l'amitié s'appelle l'*Éthique à Nicomaque*. Le terme *éthique*, au sens philosophique, est d'ailleurs dérivé du terme « éthos ». Dans un sens premier, ce terme désigne le « séjour habituel, les lieux familiers, la demeure » ou « la coutume, les usages », mais aussi « la manière d'être ou les habitudes d'une personne, son caractère », et enfin « la disposition de l'âme et de l'esprit ».

26. Henri-Dominique Lacordaire (1802-1861) est un religieux, prédicateur, journaliste et homme politique français. Henri-Dominique Lacordaire, *Pensées et réflexions choisies*, Paris, 1897.

44

Qui paie ses dettes s'enrichit

Car c'est, comme on l'a déjà dit, la proportion relative au mérite et à la dignité, qui rétablit l'égalité et conserve l'amitié. Telle est donc l'espèce de commerce et de relation qui doit exister entre hommes qui ne sont pas égaux ; et il faut rendre en honneurs le prix des services qu'on a reçus, soit par des sacrifices d'argent, soit par des actes de vertu, c'est-à-dire, s'acquitter comme on le peut ; puisque l'amitié est obligée de chercher ce qui est possible, et non ce qui est en proportion du mérite.

L'amitié est-elle alors possible entre inégaux ? À première vue, il semble que non, s'il s'agit de l'amitié la plus éminente qui soit, car elle réclame l'égalité, la réciprocité et le désintéressement.

Aristote considère l'égalité comme un principe à l'aune duquel se mesurent, se réalisent et se fondent les rapports humains. Cependant cette égalité ne sera pas de même nature selon ce que chacun des amis apporte et partage.

Le philosophe rencontre une réelle difficulté lorsqu'il essaie de mettre en regard, d'une part, ce qui relève de l'utile ou de l'agréable et d'autre part, ce qui relève de la vertu. Le fléau de la balance, quoi qu'il en dise, ne viendra jamais se placer au centre, car l'équilibre ne pourra pas réellement se faire en présence de biens qui sont essentiellement différents.

Du reste, il en fait l'aveu, lorsqu'il écrit que « *l'amitié est obligée de chercher ce qui est possible, et non ce qui est en proportion du mérite* ». Il est obligé de reconnaître que lorsque la *philia* ne se situe pas au même niveau, le rétablissement d'une égalité entre les deux parties reste illusoire.

Et pour cause, car la véritable amitié est désintéressée. Dans la relation amicale, nous acquérons les vertus essentielles : la bonté, le sens de la parole donnée, le respect d'autrui, le désintéressement.

Certaines charges publiques rendent sans doute l'amitié difficile. On sait que le pouvoir isole. Les rois ont, de tout temps, eu bien du mal à se faire des amis. Il en va de même pour les présidents de la république. Dans une interview accordée à Frédéric Mitterrand, Valéry Giscard d'Estaing, ne déclarait-il pas : « *L'amitié en politique n'existe pas. C'est une histoire. On raconte ça pour distraire la population, l'opinion.* »

“

L'amitié est le mariage de l'âme,
et ce mariage est sujet à divorce.

Voltaire.

”

45

Parité rime avec liberté et avec réciprocité

Dans toutes les amitiés où il n'y a pas une sorte d'égalité ou de parité, c'est la réciprocité proportionnelle, comme on l'a dit, qui peut établir la compensation.

Rendu spontanément, un service ne peut être apprécié justement que par celui qui l'a reçu ; c'est à lui d'y mettre le prix.

Ainsi, si quelqu'un reçoit un cadeau ou un service d'un ami, c'est à lui qu'il appartient de mesurer la valeur de ce geste amical.

Aristote constate que la plupart des choses n'ont pas la même valeur aux yeux de ceux qui les possèdent et de ceux qui les désirent. On attache généralement un plus grand prix à ce que l'on possède et à ce qu'on donne qu'à ce que l'on reçoit. C'est pourquoi, d'un point de vue pratique, le philosophe athénien recommande aux amis d'estimer un cadeau non pas sur la valeur qu'on lui donnerait après l'avoir reçu, mais sur celle qu'on lui aurait donnée avant de l'acquérir.

« *Un service auquel on répugne n'est plus un service* », précise Euripide.

Le bons sens pratique de Publilius Syrus (recueilli dans *Sentences*, trad. Francis Levasseur, éd. Panckoucke, Paris, 1825) peut, lui aussi, nous éclairer : « *Rendre service à ceux qui en sont dignes, c'est obliger tout le monde.* »

Reste que si l'ami qui a fait un cadeau attend quelque chose en retour, c'est que son acte n'était pas désintéressé. L'amitié ne doit pas s'encombrer de calculs. Évidemment, si le bénéficiaire reste indifférent aux preuves d'amitié qui lui sont faites, c'est soit qu'il ne mérite pas votre amitié, soit qu'il ne souhaite pas être votre ami. Dans tous les cas, vous serez fixé.

En revanche, si votre ami montre qu'il est touché par votre geste, vous aurez atteint votre but. Certes, une amitié ne peut se concevoir à sens unique mais ce qui est échangé par deux amis peut fort bien être de nature différente.

“

**Qui a rendu un service doit se taire,
qui l'a reçu peut en parler.**

Sénèque.

”

Le clin d'œil des auteurs

C'est aussi ce qui advient lorsque l'absence de l'autre se réfléchit et s'infléchit dans le jour qui s'annonce, lorsque son image tout à la fois s'ajourne et séjourne en nous.

46

Les amis se reconnaissent dans la reconnaissance

> *Mais à qui appartient-il de fixer le prix d'un service ? Est-ce à celui qui a commencé par le rendre, ou à celui qui a commencé par le recevoir ? Le premier semble s'en rapporter, sur ce point, à la générosité de l'autre : et c'est, dit-on, ce que faisait Protagoras.*

Aristote évoque notamment le cas d'un ami qui vous conseille utilement ou qui vous transmet un enseignement. Ce qu'il vous donne, vous ne pouvez le lui rendre, mais rien ne vous interdit de lui manifester votre amitié, en lui rendant d'autres services ou en lui offrant des cadeaux.

Bien entendu, l'amitié parfaite ne connaît pas ce type de difficultés puisque les deux amis s'aiment pour eux-mêmes en visant, l'un pour l'autre, le bien.

À cette occasion, Aristote rappelle un peu plus loin que, lorsque le sophiste Protagoras « *avait donné des leçons de son art, il invitait son disciple à mettre lui-même un prix à la science qu'il croyait avoir acquise* ». Il se contentait toujours, dit-on, de ce qu'on lui donnait.

Aristote qui, à l'instar de Platon, s'est toujours méfié des sophistes, ajoute avec une ironie toute socratique dans son *Éthique à Nicomaque* (Livre IX) : « *C'est peut-être ce que les sophistes sont obligés de faire, parce que personne ne consentirait à payer la science qu'ils possèdent ; et, comme ils n'exécutent pas ce dont ils ont reçu le salaire, on les en blâme avec raison.* »

L'homme habile aime à rendre des services ; seul l'homme de bien cherche à rendre service.

Charles Félix Hyacinthe de Charencey[27].

27. Charles Félix Hyacinthe de Charencey (1832-1916) est un philologue français à qui l'on doit d'importantes études sur les langues mayas. Charles Félix Hyacinthe de Charencey, *Pensées et maximes diverses*, p. 11, Annales de philosophie chrétienne, 1888.

47

Les bons comptes font les bons amis

Au reste, comme je viens de le dire, on est, en général, dans l'obligation de payer ses dettes ; mais, s'il y a des motifs d'honneur et de nécessité plus puissants pour donner, c'est vers ce dernier parti qu'il faut pencher.

Pour le philosophe, cette disposition ne vaut évidemment que pour l'amitié accidentelle, et non pour l'amitié essentielle pour laquelle il faudrait sans doute renverser l'axiome, en disant que les bonnes amitiés font les bons comptes. Un autre proverbe dit que : « *Les dettes sont les ciseaux de l'amitié.* »

Globalement, Aristote considère que les bons comptes font les bons amis, dans le cadre des amitiés ordinaires. Néanmoins il peut survenir certains cas où, pour une raison impérieuse ou supérieure, on peut être amené à secourir quelqu'un par l'argent, par exemple, et différer la dette que l'on a contractée auprès d'un autre ami. Tout est question de mesure et de pratique, nous dit le Stagirite. À cet égard, il précise d'ailleurs que « *la manière de raisonner à l'égard des affections et des actions, se modifie, (...) suivant les circonstances qui y donnent lieu* ».

Un peu plus loin, Aristote prend l'exemple d'une prise d'otage et pose la question de savoir si la personne libérée est tenue de rembourser, sans doute à vie, son bienfaiteur : « *Par exemple, celui qui aurait été racheté des mains des brigands, devrait-il racheter, à son tour, son libérateur, quel qu'il fût d'ailleurs ? Ou bien, supposé que celui-ci (...) redemande le prix de la rançon qu'il a payée, devra-t-on le lui rendre, plutôt que de racheter son propre père ? Car il semble qu'on soit plus obligé à délivrer son père qu'à se racheter soi-même.* »

Les prises d'otages remontent bien sûr à la nuit des temps et les demandes de rançon, si je puis me permettre l'expression, étaient « monnaie courante » dans la Grèce antique.

Elles étaient, la plupart du temps, le résultat de la guerre. Pour simplifier, disons que le vainqueur vendait ou faisait vendre ses prisonniers comme esclaves. Cet argent permettait ensuite d'alimenter les caisses de l'État et cyniquement de financer des guerres.

Les enlèvements étaient fréquents au Moyen Âge. On se souvient notamment des vicissitudes de la vie de Charles d'Orléans, longtemps prisonnier des Anglais et finalement délivré du joug par une forte rançon. Il y eut également les corsaires barbaresques qui écumaient la Méditerranée.

Cette pratique existe malheureusement encore aujourd'hui. Elle s'est même professionnalisée.

Après l'invasion de l'Irak, en 2003, les prises d'otages à caractère politique ont nettement progressé. On estime que plus de 600 Occidentaux ont été enlevés par des groupes terroristes au Moyen-Orient, en Afrique et en Asie entre 2001 et 2015.

D'autre part, le nombre d'enlèvements crapuleux est encore beaucoup plus important. Ainsi par exemple, on a recensé, au Mexique, près de 1 700 enlèvements pour la seule année 2013. Un tel phénomène suscite évidemment de nombreuses questions.

Le paiement d'une rançon encourage-t-il de nouvelles prises d'otages ? Finance-t-il le terrorisme ? Incite-t-il les ravisseurs à revoir leurs exigences à la hausse ? Et fait-il courir des risques accrus aux journalistes et aux travailleurs humanitaires ?

Les États, en fonction de leurs lois, de leur culture, de leur diplomatie et de leurs services de renseignement, répondent de manières différentes aux demandes de rançon.

“

Rançon : Achat d'une chose
qui n'appartient pas au vendeur,
pas plus qu'elle n'appartient ensuite à l'acheteur.
Le plus infructueux des placements.

AMBROSE BIERCE[28].

”

28. Ambrose Bierce (1842-1914) est un écrivain et journaliste américain connu notamment pour son *Dictionnaire du diable* ainsi que pour des nouvelles fantastiques.

48

La dette d'Aristote à l'égard de Platon

C'est qu'une telle amitié n'est fondée que sur la vertu ; et l'on doit en montrer sa reconnaissance comme il convient dans ce genre d'affections, car tel est le caractère de l'ami et de la vertu. C'est ainsi qu'il en faut agir envers ceux qui nous ont communiqué les préceptes de la philosophie. Car ce n'est pas l'argent qui peut en payer le prix ; le respect ou la considération n'en serait pas même l'équivalent : mais, peut-être qu'en faisant, dans ce cas, tout ce qui nous est possible, cela suffira, comme cela suffit à l'égard des Dieux et des auteurs de nos jours.

Ce passage est assez singulier quand on sait tout ce qu'Aristote doit à l'enseignement que Platon lui a prodigué, dans le cadre de l'école qu'il avait créée : l'Académie.

Ironie de l'histoire philosophique, Aristote, qui prône l'amitié, n'en a peut-être pas fait beaucoup preuve à l'égard de son maître.

En effet, à travers toute son œuvre, il n'a eu de cesse de mettre en question les théories platoniciennes. On pourrait même dire, sans exagération, qu'il a bâti son œuvre contre celle de son mentor.

La dette d'Aristote à l'égard de Platon n'était-elle pas trop grande pour qu'il envisage seulement de s'en acquitter ? Cette contestation constante de la pensée du fondateur de l'Académie donnerait à penser qu'Aristote a tenté de prendre sa place. Nul doute qu'il soit allé à bonne école. Nul doute qu'il n'ait pas honoré son professeur. C'est à se demander si, dans une configuration œdipienne, Platon n'a pas incarné la figure du père.

Diogène Laërce s'est employé à faire revivre les grands noms de la Grèce antique en tentant d'esquisser leur biographie. Selon cet auteur, Aristote avait la voix grêle, les jambes menues, les yeux petits ; il était toujours bien vêtu, portait des anneaux aux doigts, et se rasait la barbe. Il eut d'Herpilis, sa concubine, un fils naturel qu'il appela Nicomaque. On pense que son œuvre majeure intitulée *Éthique à Nicomaque*, de laquelle nous avons tiré l'ensemble des citations du philosophe, constituerait une sorte de dédicace à son fils.

Après avoir beaucoup appris au contact de Platon, Aristote le quitta, et s'en alla fonder sa propre école, le « Lycée ». Platon aurait dit à son sujet : « *Aristote a fait envers moi comme un poulain qui regimbe contre sa mère.* » Quant à Aristote, il aurait dit, à propos des progrès que les disciples doivent faire : « *Ils doivent tâcher d'atteindre ceux qui sont devant eux, et ne pas s'arrêter pour attendre ceux qui vont plus lentement qu'eux.* »

Peut-être parlait-il d'expérience.

“

**L'avis d'un ami sincère
est plus efficace que tous les avis des hommes
les plus éclairés.**

FRANCIS BACON.

”

Le clin d'œil des auteurs

C'est dans le nom d'un ami que (con)verse notre langage. Son nom est le seul en qui mes mots ont confiance et font confidence de leurs secrets. C'est un peu en son nom que mes mots s'emploient, se déploient et se déplient.

49

Quand l'amitié n'offre plus d'intérêt

Il s'élève encore une question sur la convenance de rompre, ou non, les relations d'amitié avec ceux qui ne demeurent pas tels qu'ils étaient. Par exemple, avec ceux qu'on aimait à cause de l'utilité ou de l'agrément qu'on trouvait en eux, est-il étrange que cette union vienne à se rompre lorsqu'elle n'offre plus les mêmes avantages ? Car on aimait des choses dont l'absence ou la privation fait naturellement cesser cette amitié.

Lorsque les causes qui avaient fait naître l'amitié n'existent plus, faut-il rompre entièrement tout lien d'affection ?

Pour Aristote, on ne doit pas faire nécessairement table rase d'une amitié, fût-elle fondée uniquement sur l'utilité ou le plaisir. Il reste toujours quelque chose d'une amitié ancienne.

Tout d'abord, le lien que l'on a tissé avec un ami nous a permis de mieux le connaître. Cette appréhension et perception de l'autre nous a permis, en général, de progresser dans la connaissance que nous avons de nous-mêmes.

« Tant qu'un grain d'amitié reste dans la balance, le souvenir souffrant s'attache à l'espérance », nous dit Alfred de Musset. De ce point de vue, un ancien ami reste, au minimum, pour nous, une connaissance, dans tous les sens du terme.

Cet ami duquel on s'est détaché, nous l'avons aussi estimé. Or, ce n'est pas parce que l'amitié s'éteint que l'estime doit disparaître. Avec cet ami, nous avons partagé des moments de bonheur et ces instants que la mémoire retient sont eux aussi des biens précieux. Rien n'est plus affligeant que de voir deux êtres, hier amis, s'ignorer, se quereller, ou pire encore se déchirer.

Dans un échange amical, lorsque l'on ne reçoit pas ce que l'on escompte, cela revient à avoir le sentiment de n'avoir rien reçu du tout. Ne pas obtenir ce que l'on attendait ou ne rien recevoir du tout, c'est du pareil au même. À ce propos, Aristote rappelle une anecdote, dans son *Éthique à Nicomaque*, selon laquelle un musicien à qui l'on avait promis une récompense d'autant plus belle qu'il aurait bien chanté, se trouva fort dépourvu et déconfit lorsque le lendemain, réclamant sa récompense, celui qui la lui avait promise s'excusa de ne rien lui donner, en lui rappelant qu'il lui avait déjà donné par ses éloges plaisir pour plaisir.

« Une amitié est perdue quand il faut penser à la défendre », déclare Charles Peguy.

Sans plagier Jacques Brel et ses fameux bonbons, telle une fleur, l'amitié peut se faner, s'émousser, voire disparaître au fil du temps, qui, impitoyable, métamorphose parfois notre comportement ou notre façon de penser.

Une telle qui nous semblait brillante et dynamique se révèle autoritaire et intransigeante, un tel supporte le vieillissement comme un fardeau, et finit par en devenir un…

Pour une raison inconnue, un maillon se détache d'une chaîne unie qui paraissait indivisible et qui peine à retrouver son équilibre. Le départ de l'amant(e) ou son remplacement entraîne, dans la force d'un couple, le délaissement des amis d'avant.

Basée sur un idéal d'invincibilité, une amitié complice tisse un lien inconditionnel protégé par l'aile de l'ange.

“

On compte plus facilement ses moutons que nommer ses amis.

PLATON

”

50

Les faux amis sont de faux-monnayeurs

> *Mais, si celui-ci (son ami) l'a trompé, en feignant des sentiments qu'il n'avait pas, c'est le trompeur qu'on a droit d'accuser et de blâmer, plus même qu'on ne blâme ceux qui altèrent la monnaie, d'autant que son délit attaque une chose d'un plus grand prix.*

Sans doute Aristote emprunte-t-il à Démosthène sa comparaison avec la fausse monnaie. Cet orateur Athénien, en effet, a écrit : « *Je suis surpris de voir que la peine de mort soit décernée, chez vous, contre ceux qui altèrent la monnaie, tandis que vous accordez la parole à ceux qui altèrent la pureté des lois.* »

La fausse monnaie se caractérise par une altération de son poids et par la composition d'un alliage illicite, tout comme le mensonge se signale par l'altération du sens des mots et le recours à de fausses appellations. Ne pas respecter le poids et la valeur des mots est tout à fait semblable au fait de ne pas respecter le poids en or d'une pièce et de mentir sur sa valeur.

Aristote rappelle que la voix sonore de la créature animale ne devient une parole articulée que dans la communauté des humains. « *Créature civique* » par excellence, l'humain est le « *seul d'entre les animaux* » qui a de « *la parole* », nous dit-il.

Comme le mot, la monnaie est un symbole qui vaut pour ce qui est échangé, par la transaction marchande dans le premier cas, et par la parole dans le second cas. La monnaie, comme le mot, se transforme en signe de reconnaissance destiné à garantir un échange. Comme la monnaie passe de main en main, les mots passent de bouche-à-oreille. La fausse monnaie, comme les mots mensongers, altère la communication et menace l'ordre social.

En parlant de l'amitié, saint Augustin, dans un passage de son *De Trinitate*, usera de la même métaphore qu'il a sans doute monnayée auprès du texte d'Aristote : « *Par exemple, "ami" est une désignation relative. On ne commence à être ami qu'en commençant à aimer : il se produit donc un changement de la volonté pour qu'on puisse parler d'ami. Mais une pièce de monnaie, qu'on dise : "c'est le prix de…", prend un nom relatif, pourtant elle n'est pas changée en devenant ce prix (…). Eh bien, si une pièce de monnaie* (nummus) *peut, sans changer aucunement, recevoir si souvent une qualification relative, sans que, en la recevant ou la perdant, son être ou sa forme de pièce de monnaie en soit modifiée, avec quelle plus parfaite aisance devons-nous admettre, à propos de cette immuable substance de Dieu, qu'elle puisse recevoir un qualificatif relatif à la création, sans mettre l'accident au compte de la substance elle-même de Dieu, malgré la nouveauté temporelle de son qualificatif, mais à celui de la créature que ce qualificatif concerne ?* »

“

Avoir de l'or faux est un malheur supportable et facile à découvrir ; mais le faux ami, c'est ce qu'il y a de plus pénible à découvrir.

THÉOGNIS DE MÉGARE[29].

”

29. Théognis de Mégare (570 av. J.-C. – 485 av. J.-C.) est un poète et moraliste grec. Théognis de Mégare, *Poèmes élégiaques*, édités et traduits par Jean Carrière, Paris, Belles Lettres, 1948.

51

L'ami est un éclaireur

S'il y a, en effet, moyen d'amender un ami, on doit tâcher de réformer ses mœurs, encore plus qu'on ne doit l'aider à réparer sa fortune, parce que c'est un procédé plus généreux et plus digne de l'amitié.

L'amitié impose des devoirs et, parmi ceux-ci, celui de veiller à ce que cet autre soi-même reste dans le droit chemin. Dans les temps troublés, notamment en temps de guerre ou sous la férule d'un pouvoir totalitaire, un tel sujet peut devenir épineux.

Durant les années 1930, en Allemagne nazie, bien des amitiés se sont dissoutes du fait qu'un engagement politique, voire une simple préférence, pouvait prendre un tour tragique. La persécution des Juifs a pris, par exemple, de telles proportions qu'il devenait difficile et dangereux d'avoir un ami ou une amie juive dans cette période noire d'oppression.

Dans de tels contextes, dire que l'amitié s'éprouve dans l'adversité, n'est pas un vain mot.

Certaines natures faibles peuvent être tentées d'abandonner pour partie leurs principes moraux, de céder un peu de terrain, de compromettre un peu leur liberté au nom d'un idéal prétendu supérieur ou pour garantir leur sécurité. C'est une pente tentante et facile. L'actualité foisonne malheureusement de tels exemples. Il suffit pour s'en convaincre d'observer comment, depuis une vingtaine d'années, les libertés fondamentales ont reculé dans certains pays comme la Russie, la Turquie, l'Argentine ou même les États-Unis.

Ainsi, lorsque Gérald Darmanin, ministre de l'Intérieur, propose, en novembre 2020, de pénaliser d'un an de prison et de 45 000 euros d'amende la diffusion de « *l'image du visage ou tout autre élément d'identification* » d'un policier ou d'un gendarme en intervention lorsque celle-ci a pour but de porter « *atteinte à son intégrité physique ou psychique* », on peut légitimement se demander si une telle loi ne risque pas de porter atteinte à certaines de nos libertés sous couvert de nous garantir plus de sécurité.

L'adoption d'une telle loi ne risque-t-elle pas d'hypothéquer un peu plus la liberté d'expression et, par ricochet, la liberté de manifester ?

La pandémie de la Covid-19 a aussi rebattu les cartes de certains principes fondamentaux de nos démocraties, comme la liberté de circuler et de se réunir. Jusqu'où sommes-nous prêts à aller ? Devons-nous accepter moralement d'abandonner certaines libertés lorsque la santé publique est en jeu ? De nouvelles questions, qui ne sont pas faciles à trancher, se posent à nous.

> **Les devoirs de l'amitié, sont la confiance, la bienveillance et les conseils.**
>
> VOLTAIRE.

Le clin d'œil des auteurs
L'amitié sous surveillance

Dans ses *Nouvelles du futur*, Patrice Franceschi[30] dépeint un avenir rempli de caméras vidéo qui, en entrant dans la fraction la plus intime de la vie de son héros, lui ôtent toute sa liberté et le plongent dans la solitude. Pourtant, en rejoignant un groupe de résistants, cet homme retrouve l'esprit de la collectivité. La sécurité démesurée nous priverait-elle d'amitié en aiguisant notre méfiance et notre besoin de fermer nos portes ?

30. Né en 1954 à Toulon, Patrice Franceschi possède plusieurs cordes à son arc. Navigateur au long cours, épris de justice et de liberté, il a obtenu le prix Goncourt de la nouvelle en 2015. C'est un peu le Bob Morane d'aujourd'hui. Patrice Franceschi, *Nouvelles du futur*, Grasset, 2018.

52

Les mères sont les meilleures amies du monde

Se plaire à vivre avec celui qu'on aime, partager ses goûts, ses peines, ses plaisirs, c'est encore ce qu'éprouvent surtout les mères, et c'est également ce qui caractérise l'amitié.

Le don de la vie est un don primordial. Pour Aristote, ce cadeau génère une dette paradoxale. Les enfants, nous rappelle-t-il, ne pourront jamais s'acquitter de la dette qu'ils ont contractée auprès de leurs parents, et surtout, auprès de leur mère. Ils ne pourront que témoigner leur amour, plus tard, lorsqu'ils auront grandi.

L'amour de la mère, dans les premiers temps de l'enfant, a ceci de particulier qu'il est univoque, il ne circule que dans un sens. La mère nourrit son bébé et lui prodigue son amour. Le rôle de la mère ne s'arrête pas là, car c'est encore elle, principalement, qui va apprendre à son enfant à parler. L'expression « la langue maternelle » est, à ce titre, tout à fait explicite.

Dans la pensée grecque, une relation intime s'établit entre le don de la vie et celui de la parole. Outre les mythes grecs qui explorent ce thème, il n'est que de penser à la maïeutique (l'art d'accoucher « les esprits ») de Platon pour s'en convaincre. Donner la parole et donner la vie, sont deux actions comparables sous bien des rapports.

Une question féministe s'est posée, au IVe siècle av. J.-C., dans la société athénienne. Aristote en a certainement eu écho.

Socrate et Euripide prirent position pour défendre l'idée qu'avoir une fille constituait un bien des plus précieux. Aristote semble avoir eu, quant à lui, une position plus réservée sur le sujet.

Ce qui est certain, en tout cas, c'est que l'amour maternel était respecté et fortement valorisé dans la cité. De nombreux témoignages d'auteurs de tragédies comme Euripide, ou de comédies comme Aristophane, en témoignent. De nombreuses stèles ont également été retrouvées qui confirment l'existence d'un profond attachement des parents envers leurs enfants. Des annales judiciaires et des plaidoiries de l'époque le montrent également.

“

Ô l'amour d'une mère !
Amour que nul n'oublie !
Pain merveilleux qu'un Dieu partage et multiplie !
Table toujours servie au paternel foyer !
Chacun en a sa part,
Et tous l'ont en entier !

Victor Hugo.

”

53

Accorder ses sentiments là où les opinions partagent les amis

La conformité des sentiments est aussi un des caractères de l'amitié, mais non pas la conformité des opinions ; car celle-ci pourrait exister entre des personnes qui ne se connaîtraient pas les unes les autres.

Partager les mêmes opinions qu'autrui ne permet pas d'en déduire que l'on en est ami. L'amitié repose sur une communion de sentiments et non d'opinions. Pourtant l'on connaît tous le cas d'amis qui se sont séparés du fait qu'ils avaient des opinions contraires.

Aristote est sans doute trop catégorique en nous disant que les opinions ne pèsent pas dans la balance de la *philia*. Du reste, l'exemple qu'il prend pour défendre sa thèse est presque caricatural : « *On ne dit pas de ceux qui ont des opinions semblables sur un sujet (par exemple, à l'égard des mouvements des corps célestes), qu'il y a entre eux accord de pensées et de sentiments ; car être d'accord sur ces choses-là n'est pas une cause d'amitié réciproque.* »

En effet, le philosophe prend appui sur un exemple d'ordre scientifique pour avancer son argument. S'accorder avec autrui sur l'idée que c'est la Terre qui tourne autour du Soleil et non le contraire, ne fait pas de nous des amis. Cela va de soi car, au fond, il n'y a pas débat. En revanche, si deux amis ont à débattre d'un sujet de société, d'un sujet politique ou philosophique majeur, et que leurs points de vue s'écartent fortement, cette divergence peut fort bien devenir une cause de rupture.

L'Histoire, qui regorge d'exemples de dissensions, de conflits et d'amitiés brisées en raison d'opinions différentes, est aussi remplie d'amitiés qui ont su dépasser les divergences de point de vue ou les différences de caractère.

Certaines amitiés ne s'embarrassent pas d'opinions contraires. Si le proverbe rappelé par Aristote nous dit « *qui se ressemble s'assemble* », l'inverse se vérifie parfois et l'on est alors obligé de reconnaître que « *les contraires s'attirent* ». C'est ce qu'illustre le couple d'amis formé par Steve Jobs, le visionnaire créateur de l'empire Apple, et Rupert Murdoch, le magnat de la presse. Le premier est un fervent pro-démocrate et ancien hippie et le second un ultraconservateur très rangé.

Autre exemple de cette attraction de deux pôles diamétralement opposés : l'écrivain Ernest Hemingway et l'acteur Gary Cooper. Contre toute attente, ces deux mythes de l'Amérique des années 1950 se vouèrent une amitié sans faille et une vive admiration. D'un côté, une personnalité forte et virile, de l'autre, un artiste discret et réservé.

Cooper avait déjà joué en 1932 le premier rôle de l'adaptation cinématographique du roman *L'Adieu aux Armes* d'Hemingway. Mais c'est en 1940 que leur amitié prend véritablement naissance. Les deux hommes, déjà au sommet de leur gloire, se rencontrent et ils ne se quitteront plus.

Ernest Hemingway ne tarissait pas d'éloges sur son ami. Voici ce qu'il dit de son ami « Coop » dans une lettre qu'il adresse à son éditeur Maxwell Perkins : « *Coop est un homme bien ; aussi honnête, droit, aimable et intègre qu'il le paraît. Si on inventait un personnage comme Coop, personne n'y croirait. Il est juste trop bien pour être vrai.* »

Ils connurent, l'un et l'autre, le succès et les honneurs : Hemingway obtint le prix Pulitzer, en 1953, et le prix Nobel de Littérature, en 1954, pour son roman *Le Vieil Homme et La Mer*, et Cooper reçut l'Oscar du meilleur rôle pour son exceptionnelle interprétation dans *Le train sifflera trois fois*, en 1952.

Des destins liés et des destins croisés où chacun pouvait exprimer, sans arrière-pensées, son admiration pour l'autre.

Tous deux affaiblis par la maladie (cancer de la prostate pour Cooper et grave dépression pour Hemingway), ils s'éteignirent la même année. Gary Cooper, le 13 mai 1961, à 60 ans et Ernest Hemingway, en se suicidant avec un fusil, le 2 juillet 1961 à 62 ans.

“

Un ami est celui qui vous laisse l'entière liberté d'être ce que vous croyez être.

JIM MORRISON.

”

Le clin d'œil des auteurs
Cap sur l'amitié

Parlons du profond sentiment d'amitié qui lie deux êtres. L'obstination est sa force, le succès son moteur, l'habitude son mouvement, le temps son énergie, la vertu le nord de sa boussole, l'avenir sa figure de proue, le partage sa cartographie, la réciprocité forme son sextant.

54

Le chemin du milieu est celui de l'amitié

Pour ce qui est de l'action de donner et celle d'acquérir des richesses, la médiété (le moyen terme) est la libéralité ; l'excès et le défaut sont respectivement la prodigalité et la parcimonie. C'est de façon opposée que dans ces actions on tombe dans l'excès ou le défaut : en effet, le prodigue pèche par excès dans la dépense et par défaut dans l'acquisition, tandis que le parcimonieux pèche par excès dans l'acquisition et par défaut dans la dépense.

Dans les premiers livres de l'*Éthique à Nicomaque*, Aristote définit ce qu'il entend par libéralité. Il s'agit en réalité d'une vertu qui, comme toutes les vertus, se situe entre deux attitudes extrêmes : la prodigalité et la parcimonie.

La prodigalité est marquée par l'*hubris*, la démesure. Elle consiste à donner à tout va sans qu'il y ait une visée et une finalité poursuivie dans cette action. À l'opposé, la parcimonie, autrement dit l'avarice, est une attitude, elle aussi démesurée, qui consiste à confondre le moyen et la fin. L'argent y est considéré non plus comme un moyen, mais comme une fin en soi. L'avare n'a d'autre souhait que de toujours accumuler plus de richesse. Dans un cas comme dans l'autre, l'individu en proie à l'*hubris* a oublié que l'argent ne devait être qu'un moyen.

L'attitude qui se situe entre ces deux extrêmes consiste en une vertu qui, pour le Stagirite, porte le nom de libéralité.

Aristote précise d'ailleurs que le prodigue, qui dépense à tort et à travers, pèche par excès. Son désir incontrôlé de dépenser peut le conduire à se procurer de l'argent à des sources illicites.

Dans notre société, on sait que bon nombre de voleurs sont de vrais flambeurs. À l'extrême opposé, on trouve le parcimonieux, une litote pour désigner l'avare. Celui-ci cherche à l'excès à conserver et accumuler de l'argent. Il place l'argent au-dessus de tout, et lui aussi, confondant le moyen et la fin, n'hésitera pas à prendre l'argent partout où il en trouvera, y compris par des moyens illicites.

Dans sa morale, une vertu n'a jamais de valeur absolue, elle se situe toujours entre deux comportements extrêmes. Le but recherché est toujours celui d'un juste milieu entre deux extrêmes. En effet, pour les Grecs, la vertu, *arétè*, est un perfectionnement, elle se traduit donc nécessairement de manière pratique, en actes. Pour Aristote, cette attitude requiert le refus de toute exagération, car c'est dans l'excès que prospère le vice.

“

L'avarice perd tout en voulant tout gagner.

JEAN DE LA FONTAINE.

”

Coup d'œil étymologique

Selon le Grand Larousse universel de la langue française, *« Hubris est un terme grec désignant tout ce qui dans la conduite de l'homme est considéré par les dieux comme démesure, orgueil et qui doit appeler leur vengeance. »* Ce mot désigne la conduite d'une personne qui agit avec démesure, avec intempérance. C'est l'acte, le mot ou même la pensée par lesquels un mortel oubliant les limites de la condition humaine, agit avec démesure.

Ce terme grec relève du domaine moral et du droit. L'étymologie la plus vraisemblable analyse le mot comme un composé du préfixe *hu-* (à valeur intensive) et du radical *bri-*, dérivé de briaros (fort). Il existait, dans le droit attique de l'époque classique, une *« action publique pour hubris »*. On appelle syndrome d'hubris, le comportement de celui qui, enivré par le pouvoir, perd la mesure. C'est aussi le cas de celui qui s'imaginant investi d'une toute puissance croit pouvoir se situer au-dessus des lois. Mégalomanie et narcissisme outrancier ont le même ressort.

Pour Aristote, l'hybris peut se manifester d'un point de vue psychologique (plaisir d'insulter), moral (attenter à l'honneur d'autrui), juridique (l'outrage), religieux (vouloir prendre la place des dieux est un comportement châtié par ces derniers), politique (un crime majeur qui conduit à l'instabilité politique).

"

**Je ne vois pas où est le catéchisme de l'amour
et pourtant l'amour, sous toutes les formes,
domine notre vie entière : amour filial,
amour fraternel, amour conjugal,
amour paternel ou maternel, amitié, bienfaisance,
charité, philanthropie, l'amour est partout,
il est notre vie même.**

George Sand.

"

55

On ne peut être juste, en malmenant ceux qu'on aime

L'injustice ne sera pas non plus la même dans chacune de ces circonstances ; elle sera plus grande à l'égard de ceux qui sont plus amis. Par exemple, on sera plus coupable de faire éprouver une perte d'argent à un ami de plaisir, qu'à un autre citoyen ; de ne pas secourir un frère, plutôt qu'un étranger ; la violence envers un père sera plus criminelle qu'envers un autre individu.

L'amitié ressemble à la justice et elle en partage bien des traits. Elle fait appel à la notion d'égalité ou d'équité. Par ailleurs, la justice, comme l'amitié, est dirigée vers autrui.

Pour Aristote, l'amitié forme une communauté et celle-ci requiert des biens. Ces biens devront faire l'objet d'un partage égalitaire, donc d'un partage juste. Enfin, amitié et justice ont ceci de commun, qu'ils agissent au profit de l'autre. « *Entre amis, nul besoin de justice, mais les hommes justes ont, en plus, besoin d'amitié* », ajoute justement le Stagirite. La justice qui est une vertu cardinale, se trouve dépassée dans et par l'amitié.

Le fait est que l'amitié constitue à la fois un sentiment et une vertu. Elle est le ciment de la communauté politique, elle permet donc d'articuler et de connecter la vie privée et la vie publique. La concorde indispensable n'est donc, au fond, qu'une amitié étendue au sens large à tous les concitoyens de la cité.

L'amitié impose des priorités dans la vie. Ainsi venir en aide à un ami importe bien plus que d'apporter son secours à un inconnu. Il conviendra d'apporter son soutien à un ami véritable plutôt qu'à un camarade de jeu… De même, une injustice envers son ami sera bien plus dommageable que celle que l'on ferait à une simple relation.

“

Parmi les choses dont la sagesse se munit en vue de la félicité de la vie tout entière, de beaucoup la plus importante est la possession de l'amitié.

ÉPICURE.

”

Le clin d'œil des auteurs

Dans notre mémoire, le visage sitôt annoncé de notre ami(e), se précise dans un mouvement qui nous le rend familier.

56

La façon de donner vaut mieux que ce qu'on donne

D'autre part, c'est d'après les ressources que la libéralité doit s'entendre : le caractère libéral d'un don ne dépend pas, en effet, de son montant, mais de la façon de donner du donateur, et celle-ci est fonction de ses ressources. Rien n'empêche dès lors que celui qui donne moins ne soit cependant plus libéral, si c'est à des moyens plus modestes qu'il a recours. Et on considère ordinairement comme étant plus libéraux ceux qui n'ont pas acquis par eux-mêmes leur fortune, mais l'ont reçue par héritage : car, d'abord, l'expérience ne leur a pas appris ce que c'est que le besoin, et, en outre, tous les hommes ont une préférence marquée pour les ouvrages dont ils sont les auteurs, comme on le voit par l'exemple des parents et des poètes.

Pour Aristote, l'héritage est une institution paradoxale en matière de vertu.

D'une part, l'héritage c'est de l'argent facile qui nous échoit sans que l'on n'ait rien fait pour le mériter. Cependant, il est vrai que l'on peut le recevoir parce qu'on l'a mérité, en prenant soin de ses parents, en participant au développement d'une entreprise familiale… Mais on peut tout aussi bien hériter d'un patrimoine sans avoir œuvré à l'acquisition de celui-ci ou sans avoir porté attention à ses parents.

D'autre part, nous dit le philosophe athénien, les biens que l'on obtient par son travail ont bien plus de valeur que ceux dont on hérite. On sait quels efforts il a fallu pour les obtenir et quelles précautions il a fallu pour les conserver.

En même temps, paradoxalement, y étant moins attachés, nous serions à même de nous dessaisir plus facilement de l'argent que l'on a reçu par héritage.

Pour le Stagirite, il serait donc plus aisé de donner ce que l'on a reçu par héritage que ce que nous avons gagné « à la force du poignet », comme on dit.

La bizarrerie tient au fait que si l'héritier peut plus facilement se permettre de donner, son don aura cependant moins de valeur que celui de l'homme qui se déleste d'une partie de sa fortune acquise à la sueur de son front.

Un certain nombre de critiques seront portées à cette institution au cours de notre Histoire. Charles Perrault déjà le brocarde :

« *Quelque grand que soit l'avantage*
De jouir d'un riche héritage
L'industrie et le savoir-faire
Valent mieux que des biens acquis. »

L'héritage a pu être perçu comme une source majeure d'inégalités, une ineptie morale qui porte atteinte à la notion même de mérite et comme un instrument de reproduction sociale en permettant aux mêmes classes de détenir le pouvoir. Karl Marx, en fera la lecture et, dans une veine assez rousseauiste, Mikhaïl Bakounine considérait qu'il s'agissait d'une fiction juridique qui donne un pouvoir aux morts sur les vivants : « *Tous les droits individuels, politiques et sociaux, sont attachés à l'individu réel et vivant. Une fois mort il n'y a plus ni volonté fictive d'un individu qui n'est plus et qui, au nom de la mort, opprime les vivants.* »

« *L'héritage est un gâteau que vous recevez lorsque vous n'avez plus de dents pour le manger.* » Fred Allen[31].

Paul Claudel, à ses heures ne manquait pas d'humour : « *La sole avant de mourir laisse à ses enfants cet héritage inestimable : sois plat !* ». De même qu'il est dans la nature des soles d'être plates, il est dans la nature de l'homme d'être un être sociable.

“

Rien ne me fait douter davantage de la fameuse égalité des chances que l'héritage.

PHILIPPE BOUVARD.

”

31. Fred Allen (1894-1956) est un comédien et humoriste américain. Source : citation-celebre.leparisien.fr.

57

L'amour maternel est le plus éminent des amours égoïstes

> *Au reste, il semble qu'elle (l'amitié) consiste à aimer plutôt qu'à être aimé ; et ce qui le prouve, c'est la satisfaction que les mères trouvent à chérir leurs enfants.*

En Grèce, on l'a vu, la notion de *philia* concerne le domaine familial. L'amour maternel est considéré comme un type particulier d'amitié. Ce qui le caractérise, c'est le fait que les mères, durant le premier âge, aiment leurs enfants sans attendre d'eux la moindre marque d'affection. C'est, en quelque sorte, un amour ou une amitié inconditionnelle qui n'attend rien en retour.

Comme dans l'amitié vertueuse, l'amour maternel se satisfait pleinement de voir l'autre heureux. Comme c'est du bonheur d'un ami que l'on tire le sien, la mère éprouve elle aussi un réel bonheur à voir son enfant heureux.

La *philia* des mères est-elle envisagée comme un fait biologique et naturel (un instinct maternel) ou est-elle fondée sur des actes ?

Pour Platon, il n'existerait pas, a priori, de *philia* naturelle entre membres d'une même famille. L'amour parental ne peut naître que si les intéressés, parents et enfants, se rendent utiles les uns aux autres.

Aristote, quant à lui, pense que cet amour est présent naturellement chez les mères. Les parents, écrit-il, « *aiment leurs enfants comme eux-mêmes parce que, issus d'eux-mêmes, ils sont comme d'autres soi-même, à l'état séparé.* »

Les géniteurs sont comme les poètes, nous dit-il, ils aiment ce qu'ils ont créé. Les parents aiment davantage leurs enfants que les enfants n'aiment leurs parents, car ces derniers considèrent leur progéniture comme un prolongement de leur propre corps. Les enfants sont autant d'autres petits « Moi ».

“

L'amour maternel est le plus éminent des sentiments égoïstes, ou, pour dire autrement, le plus énergique des sentiments altruistes.

Alain.

”

Le clin d'œil des auteurs
Un amour prioritaire ?

L'amour maternel est-il altruiste ? Le désir d'enfant serait-il lié au but d'élever ce dernier pour qu'il s'envole le moment venu ? N'est-il pas une façon de se mettre en lumière, de vouloir être la priorité, ce qui est le cas au début, et ensuite de la conserver ? Ces questions se posent également pour les pères du monde contemporain. Ainsi certaines et certains ont bien du mal à laisser leur progéniture s'évader vers la liberté.

58

Le foyer de l'amitié

De fait, les pères (et les mères plus que les pères) aiment leurs enfants davantage qu'ils n'en sont aimés. (...) Et les mères aiment leurs enfants plus que les pères parce qu'elles croient que les enfants sont davantage leur œuvre : en effet, on juge de l'œuvre à la difficulté, et la mère souffre davantage de la naissance.

La souffrance de l'accouchement est pour Aristote un argument en faveur d'un amour plus radical et indéfectible de la mère à l'égard de ses enfants.

Plutarque, toujours dans ses *Œuvres morales*, renchérit : « *La mère encore brûlante et pénétrée de douleur, tremblante de fatigue, loin de fuir et de négliger l'enfant, s'est tournée vers lui et lui a souri, l'a soulevé et l'a caressé, sans en recevoir agrément ni profit, mais n'en attendant que peines et souffrances.* »

Évidemment, il est difficile de savoir ce que les mères athéniennes pensaient de l'amour maternel. En effet, ce sont des voix masculines qui s'élèvent pour évoquer la *philia* des mères.

La *philia* maternelle, quoi qu'en dise Aristote, n'est pas toujours totalement désintéressée. Dans la société athénienne les fils (et non les filles) devaient nourrir leurs parents âgés, le père comme la mère.

“

**L'amour maternel est fait
de tout ce qu'il y a de plus délicat dans l'amour,
de tout ce qu'il y a de plus tendre dans l'amitié.**

Anne Barratin[32].

”

32. Anne Barratin (1832-1915) est une femme de lettres française. Anne Barratin, *De Vous à Moi*, A. Lemerre, 1892, p. 6.

59

L'amitié, une histoire de famille

En effet, les parents aiment leurs enfants, comme étant une partie d'eux-mêmes, et ceux-ci aiment leurs parents, comme tenant d'eux une partie de ce qu'ils sont. Mais les parents connaissent mieux ce qui vient, en quelque sorte, d'eux, que les enfants ne savent ce qu'ils tiennent de leurs parents ; et il y a un rapprochement naturel plus intime de la part de l'être qui a donné la vie à celui qui l'a reçue, qu'il n'y en a de ce dernier à l'auteur de son existence.

Non seulement, selon Aristote, la mère aime davantage que le père, mais elle ne demanderait rien en retour. *Philia* des pères et *philia* des mères sont pensées comme structurellement différentes, en raison de motifs avant tout biologiques.

La *philia* maternelle est déterminée par une relation corporelle spécifique, par laquelle le lien mère/enfant s'établit sur des bases physiques et biologiques. La *philia* maternelle se fortifierait grâce au moment de l'allaitement. Moment privilégié d'un rapport fusionnel entre la mère et l'enfant. Les enfants partageraient le même lait et le même sang.

Pour notre philosophe, on attache davantage de valeur à ce qu'on a difficilement obtenu. Il considère donc que les mères, parce qu'elles ont souffert lors de l'accouchement, aiment davantage leurs enfants.

Cette supériorité de l'amour maternel repose, selon lui, à la fois sur la certitude que la mère a que son enfant est le sien et sur la constitution d'un lien étroit avec le nourrisson dont l'enfantement est le premier acte, et l'allaitement, le second. La société a beaucoup évolué sur ce sujet et les parents d'aujourd'hui n'ont rien à voir avec les convictions de l'Antiquité.

La mère d'Aristote s'appelait Phaestis et était issue d'une famille de Chalcis en Eubée. On sait très peu de chose à son sujet, sinon qu'elle éleva ses enfants durant quelques années à Stagire, avant de rejoindre son mari Nicomaque, nommé médecin à la cour du roi Amynthas III, à Pella en Macédonie. Elle partagea son existence entre Stagire et Pella, où elle effectuait de fréquents séjours pour y rejoindre son mari.

Vers l'âge de douze ans, Aristote perdit ses deux parents, sans doute victimes d'une épidémie à laquelle le métier de son père les exposait.

“

Une mère aime toujours mieux ses enfants qu'un père : elle sait qu'ils sont d'elle, il pense qu'ils sont de lui.

EURIPIDE.

”

60

Les femmes et les enfants d'abord

Ceci même fait voir pourquoi la tendresse des mères est plus vive. Les parents aiment donc leurs enfants comme eux-mêmes ; car leur existence, détachée [s'il le faut ainsi dire] de celle des parents, en fait comme d'autres êtres [en qui ils se retrouvent] : mais les enfants n'aiment leurs parents que comme la source ou la cause de leur existence.

La *philia* paternelle semble reposer sur le désir d'avoir une descendance et de transmettre ainsi son nom et son patrimoine. Pourtant, il serait simpliste de la réduire à ce seul intérêt, car la littérature grecque nous montre bien des exemples d'amour paternel désintéressé.

Reste que dans la société grecque, l'éducation des enfants est davantage prise en charge par la branche maternelle de la famille que par celle du père. Les oncles maternels y jouent souvent un rôle important.

Dans ses *Principes de la philosophie du droit*, à la fin du XVIIIe siècle, le philosophe Hegel, s'accorde sur ce point avec Aristote : « *Il faut remarquer qu'en règle générale, les enfants aiment moins leurs parents que ceux-ci n'aiment leurs enfants, car les enfants vont vers leur indépendance et deviennent plus forts ; ils ont leurs parents derrière eux, tandis que les parents possèdent dans leurs enfants l'objectivité effective de leur union.* »

La communauté familiale (l'*oikos*) est ainsi à l'origine de toutes les amitiés. On aime et on agit en tant qu'amis d'abord avec ses parents d'une même famille. C'est dans la maison, nous rappelle le Stagirite, que se trouvent d'abord les sources de l'amitié, de l'État et de la justice.

Dans sa *Poétique*, Aristote évoque les scènes tragiques où la parenté biologique révélée au dernier moment empêche un crime de se commettre. Lorsque les liens de *philia* sont corrompus entre les membres d'une même famille et qu'à la dernière minute les personnages prennent conscience de la relation qui les unit, alors on dispose de tous les ingrédients nécessaires à un terrible dénouement. Pour lui, ce sont ces situations qui offrent les meilleurs scénarios à la tragédie. Par exemple, *Antigone* ou encore *Œdipe Roi*.

Aujourd'hui, les choses sont bien différentes et la venue d'un enfant génère pour le père bien des questions. Cet enfant que je suis censé aimer ne me dépossède-t-il pas de quelque chose ? À mesure qu'il prend des forces, je vieillis et j'en perds. N'est-il pas un rival ? L'enfant ne va-t-il pas s'intercaler entre elle et moi, m'éloigner d'elle et accaparer son amour ?

« *Vénérez la maternité, le père n'est qu'un hasard* », disait Nietzsche. En effet, la maternité est toujours attestée en droit, alors que la paternité reste une conjecture.

Jusqu'il y a peu, avant les progrès de la génétique, la paternité était potentiellement toujours sujette à caution.

C'était la femme qui désignait le père. La paternité était attestée par la mère. Il y avait toujours un doute qui planait sur la paternité.

C'est d'ailleurs ce que le Code civil résume et présume en disant que « *le mari est le père présumé* ». Les évolutions scientifiques ont, depuis peu, changé la donne.

En France, désormais, lorsqu'ils sont nés par don de sperme, les enfants peuvent effectuer des recherches en paternité et, s'ils sont « nés sous X », ils peuvent lancer une enquête en maternité.

“

Le Sage donne tous ses soins à la racine.
La piété filiale et le respect envers les supérieurs sont la racine de la vertu.

CONFUCIUS.

”

61

L'amitié, à l'heure de la nature et de la philanthropie

> *La nature elle-même semble avoir mis ce sentiment dans le cœur du père, pour l'être auquel il a donné la vie ; on l'observe non seulement dans l'homme, mais dans les oiseaux et dans la plupart des animaux, dans les êtres qui appartiennent aux mêmes espèces, à l'égard les uns des autres, et surtout dans les individus de l'espèce humaine ; et c'est pour cela que nous louons ceux qui méritent le nom de philanthropes.*

Aristote est, c'est le moins que l'on puisse dire, en avance sur son temps, lorsqu'il reconnaît aux animaux la capacité d'aimer, et qu'il prétend qu'ils ont une âme. Évidemment, la notion d'âme chez Aristote n'a pas le caractère religieux qu'il acquerra par la suite dans notre culture judéo-chrétienne.

Pour notre philosophe, l'âme est avant tout un principe vital qui connaît des degrés différents selon les espèces, et sans doute une différence de nature pour ce qui est de l'homme.

Un chien ne peut pas, bien entendu, passer pour être un philanthrope (*Philo* = qui aime, *anthropos* = l'homme) mais il peut éprouver un sentiment d'amitié pour un autre canidé, voire un autre animal. Les réseaux publient chaque jour d'étonnantes rencontres témoignant de la tendresse : un crocodile et un chat, un cheval et une chèvre, un ours et un loup…

Certains animaux, toujours selon Aristote, ont la sensation du temps passé, sont capables de retenir en eux des « images » et, de ce fait, ils détiennent une certaine capacité de prévoyance quant à ce qui est bon pour eux. Cette capacité qui se nomme « *phronêsis* », ou intelligence pratique, peut être attribuée à certaines espèces.

Oui, sans nul doute, Aristote reconnaît aux animaux une intelligence pratique et la capacité d'éprouver des sentiments. Alexandre Soljenitsyne n'est pas très éloigné de ce point de vue lorsqu'il écrit : « *De nos jours, nous ne pensons pas beaucoup à l'amour que peut porter un homme à un animal ; nous rions des gens qui sont attachés aux chats. Mais si nous arrêtons d'aimer les animaux, ne serions-nous pas également forcés d'arrêter d'aimer les gens ?* »

Rappelons qu'il aura fallu attendre, en France, le 28 janvier 2015, pour que la commission des lois de l'Assemblée nationale reconnaisse définitivement aux animaux la qualité

« d'êtres vivants doués de sensibilité », sachant qu'auparavant, le Code civil les considérait comme « des biens meubles ».

Néanmoins, si Aristote reconnaît que la voix des animaux, *phônê*, sert à communiquer des sensations de douleur et de plaisir, voire à avertir ses congénères d'un danger, il considère que le langage (*logos*), la capacité à raisonner, reste bien le propre de l'homme. Depuis, nous avons découvert que certains mammifères[33] pouvaient dialoguer entre eux, comme les dauphins par exemple.

> **Si avoir une âme signifie être capable de ressentir de l'amour, de la fidélité et de la gratitude, alors les animaux sont mieux lotis que beaucoup d'êtres humains.**
>
> JAMES HERRIOT[34].

33. Le roman *Un animal doué de raison* de Robert Merle a connu un grand succès lors de sa sortie en 1967.

34. James Herriot est le nom de plume d'Alfred Wight (1916-1995), un vétérinaire et écrivain anglais à l'humour very british indeed. James Henriot, *Pour l'amour des bêtes*, Albin Michel, 1982.

Coup d'œil étymologique

La Phronesis est un concept philosophique souvent traduit par *prudence* ou *sagesse* pratique. Il dérive de *Phrên* qui désignait une membrane qui enveloppe un organe, en particulier le diaphragme, et était associé à l'idée de cœur, d'âme et de pensée. Le verbe *phronein,* quant à lui, signifie « avoir l'intelligence de quelque chose », « penser ». Le *phronimos* définit quelqu'un de sage et de réfléchi. Platon, à l'encontre des sophistes, ne voulait pas donner trop d'importance à cette sagesse pratique. Aristote en revanche va la placer au centre de sa réflexion morale. À la fois concept et vertu, cette *phronêsis* se traduira dans le monde romain par *prudentia.* L'extension du mot latin se trouve plus limitée, renvoyant à une notion davantage axée sur la prévoyance, la compétence et la prudence que sur la pensée et la sagesse.

62

Donner la vie est un don de soi

La différence du temps est encore à considérer ici : car ceux qui ont donné la vie à d'autres êtres, les chérissent dès l'instant même de leur naissance ; mais ce n'est que lorsqu'ils sont un peu avancés dans la vie, lorsque leur intelligence et leur sensibilité ont acquis un certain développement, que les enfants chérissent les auteurs de leurs jours.

Si les parents aiment davantage leurs enfants que ceux-ci leurs parents, cela tient à la nature même de la procréation, ainsi qu'au temps que les géniteurs consacrent à leurs descendants.

L'idée selon laquelle les enfants auraient une dette imprescriptible à l'égard de leurs parents, puisqu'ils leurs doivent la vie, est largement battue en brèche dans notre société et ce particulièrement depuis la révolution intellectuelle de 1968.

Aujourd'hui, certains parents ont abandonné l'idée qu'ils disposeraient d'une autorité naturelle à l'égard de leurs enfants, au profit d'une relation basée sur l'idée de responsabilisation des enfants.

Cette vision est fondée sur de bonnes intentions, et peut se révéler fort pertinente, à condition qu'elle n'intervienne pas trop tôt. En effet, il n'est pas rare, aujourd'hui, de voir des parents, expliquer à leur nourrisson d'un an, les raisons pour lesquelles ils prennent telle ou telle décision. Bien plus encore, certains iront jusqu'à se justifier.

Les parents négocient de plus en plus souvent, et de plus en plus tôt avec leurs enfants : « *Si tu manges toute ton assiette, on ira au terrain de jeu et je t'achèterai une glace.* » Faut-il fonder l'établissement de règles de savoir-vivre, de vie en communauté et de respect réciproque sur la promesse de récompenses ?

Vous avez certainement déjà assisté à une de ces scènes de crise, en pleine rue ou encore au restaurant, où un enfant, d'un an ou deux, dicte sa loi à des parents dépassés, qui laissent faire ou qui tentent de contenir la fureur de leur rejeton, en s'interrogeant à haute voix sur l'erreur qu'ils auraient pu commettre.

L'individualité et la glorification de la subjectivité ont sans doute pris une place trop importante dans nos sociétés. On projette sur l'enfant, sur le nourrisson, voire même sur l'embryon, *in utero*, nos représentations de ce qu'est la liberté, la faculté de jugement.

L'autorité est trop souvent perçue aujourd'hui comme une menace et elle est vite confondue avec sa version dénaturée et corrompue : la tyrannie.

“

L'amour maternel, c'est un amour sans réserve qui ne demande aucune récompense.

André Maurois.

”

63

Frères amis ou frères ennemis

La cause de l'affection réciproque des frères est la naissance qu'ils doivent aux mêmes parents ; car cette communauté de naissance leur inspire les uns pour les autres, un même sentiment.

Les frères partagent la même dette à l'égard de leurs parents qui les ont vus et fait naître. Ils appartiennent à la même communauté de vie et de sang. Ils sont intimement liés par la nature, mais aussi par l'éducation et la culture qu'ils vont recevoir.

L'amour et le respect qu'ils doivent à leurs parents les rendent, en quelque sorte, semblables et relativement égaux devant leurs ascendants. Or, l'égalité et la ressemblance qui rassemblent les hommes dans une même communauté, sont pour le Stagirite, les ferments de l'amitié.

De là, provient très naturellement ce sentiment de fraternité qui soude et attache les frères et sœurs. S'il existe un penchant naturel entre frères et entre sœurs, si la nature les conduit à partager une même *philia*, pour autant ce lien peut se défaire.

Aristote, n'est pas naïf, il sait fort bien que la *philia* fraternelle comme toute *philia* doit se réaliser en actes. Lui, qui a étudié de près les ressorts de la tragédie, sait mieux que tout autre que la famille peut devenir le creuset d'une violence incontrôlée.

Règlements de comptes, alliances, trahisons, réconciliations, les relations entre frères, entre sœurs, entre frères et sœurs, sont la source de nombreux conflits que la mythologie grecque illustre parfaitement. Infanticides, matricides, parricides, fratricides émaillent les œuvres de théâtre.

Comme le dit Primo Lévi, il plane « *comme l'ombre d'un soupçon, que chacun est le Caïn de son frère*[35] ». Le monde grec foisonne de mythes où la fraternité est hantée par le fratricide. Ce que le fratricide exprime en creux, c'est qu'il ne suffit pas d'être né de la même matrice pour être frère.

Aristote le sait, la fraternité reste une tâche à accomplir, elle demande du temps, de l'habitude pour que les membres de la fratrie comprennent que la différence et l'altérité sont compatibles avec la similitude.

35. Primo Levi, *Les Naufragés et les rescapés. Quarante ans après Auschwitz* (1986), Paris, Gallimard, 1989, pp. 80-81. Chimiste et écrivain italien de confession juive, Primo Levi est un rescapé du camp de concentration et d'extermination d'Auschwitz pendant la Seconde Guerre mondiale. Il témoigne de son quotidien dans le camp et des horreurs commises par le régime nazi, dans plusieurs de ses ouvrages.

“

Les frères et sœurs passent toute leur jeunesse dans une alternative de petites querelles et de courtes amitiés. C'est déjà l'image de toutes les autres liaisons qui vont suivre, où l'on se prend et l'on se quitte, par des goûts et des antipathies d'un moment.

PIERRE-LOUIS LACRETELLE[36].

”

36. Pierre-Louis Lacretelle (1751-1824) est un député français, homme de lettres, philosophe et académicien. Pierre-Louis Lacretelle, *Fragments politiques et littéraires*, Foulon, Paris, 1817.

64

Hérédité, quand tu nous tiens

Aussi dit-on, (des frères) qu'ils sont un même sang, qu'ils appartiennent à la même souche, et autres expressions de ce genre ; ils sont donc, s'il le faut ainsi dire, une même substance dans des individus distincts.

Véhiculé par notre langue, le concept de fraternité pose un problème de reconnaissance de la femme. En philosophie, le concept d'amitié fraternelle, porte évidemment, de manière consciente ou inconsciente, l'héritage d'une misogynie cachée.

La célèbre devise républicaine – « Liberté, égalité, fraternité » – témoigne également de cette présence quelque peu dérangeante de la vocation fraternelle, au cœur même de la liberté de chacun et de l'égalité de tous.

En 1790, Robespierre proposa d'écrire le mot « fraternité » sur le drapeau. L'idée semblait avoir été oubliée, jusqu'en 1848, où la notion de fraternité revint s'inscrire définitivement dans notre devise.

On se sent et on se sait frères, littéralement, quand on est né d'un même père et/ou d'une même mère. La patrie, ou paradoxalement la mère patrie, constitue une métaphore des liens familiaux. Dans l'Histoire républicaine, la « patrie » commune fonde la fraternité.

La république qui s'était très tôt enorgueillie de graver à son fronton la liberté et l'égalité vint tardivement parfaire son œuvre en y ajoutant la fraternité. Un concept indispensable justement pour lier les trois termes et les faire entrer dans une communauté de sens.

Aristote aurait certainement souscrit à une telle devise, en nous rappelant qu'elle ne peut en aucun cas être une pétition de principe, et qu'elle ouvre un horizon politique à l'humanité. « Liberté, égalité, fraternité », trois termes qui dessinent un avenir vers lequel nous devons tendre. Une sentence que nous agitons comme un étendard pour porter nos aspirations.

“

Un frère peut ne pas être un ami,
mais un ami sera toujours un frère.

Benjamin Franklin.

”

65

Les frères sont assis sur la même branche généalogique

> *La nourriture commune et le peu de différence d'âge sont encore un puissant motif d'amitié ; car tout homme se sent plus naturellement porté vers ceux qui sont de son âge, et la ressemblance dans les mœurs est un lien qui unit ceux qui s'associent pour le plaisir ou l'amusement : aussi l'amitié fraternelle ressemble-t-elle beaucoup à cette sorte de liaisons.*

Aristote nous indique que la *philia* fraternelle ressemble fort à l'amitié fondée sur le plaisir et les loisirs. Elle y ressemble du fait que ce lien n'est pas aussi solide et durable que l'amitié fondée sur la vertu.

L'amour fraternel reste accidentel, il n'est pas essentiel comme celui qui unit deux amis par la vertu.

Néanmoins, cette *philia* peut se défaire lorsque, en grandissant, les membres de la fratrie prennent des chemins différents, ont des centres d'intérêt divergents ou développent des visions différentes. Des désaccords intrafamiliaux liés à un décès, un héritage, un remariage peuvent fragiliser, voire briser ce lien.

La famille n'est pas inébranlable, même si elle est le socle sur lequel se construit la cité par l'agglomération de toutes ses cellules.

Reste que la cellule familiale est un milieu privilégié pour le « vivre-ensemble ». Les rapports qui s'établissent entre frères et sœurs sont fréquents, intimes, souvent utiles et généralement plaisants.

D'autre part, les frères et sœurs ont beaucoup de choses en commun. Ils se ressemblent, du fait qu'ils sont du même sang et du fait qu'ils bénéficient d'une même éducation. Nourris et élevés ensemble, ils partagent souvent les mêmes valeurs et ont, en général, des comportements similaires qui, même après une longue séparation, peuvent se retrouver, ou se découvrir, lorsque des enfants ne se rencontrent que plus tard en raison de leur naissance cachée.

Autant de conditions réunies pour que cette *philia* s'étoffe et se fortifie au fil du temps. C'est dans le foyer que les habitudes prennent racine, c'est là aussi que la *philia* est mise à l'épreuve du temps.

L'affection envers soi-même, nous dit Aristote, ressemble à celle des membres d'une famille, car il n'est pas en notre pouvoir de dissoudre ni l'une ni l'autre ; on a beau se quereller, on n'en est pas moins parents ; et, malgré ces divisions intestines, l'individu n'en reste pas moins solidaire du foyer, durant toute sa vie.

“

L'amour fraternel est plus durable ;
il ressemble à la pierre précieuse
qui résiste aux plus durs métaux
et dont la valeur s'accroît avec les années.

HECTOR CARBONNEAU[37].

”

37. Hector Carbonneau (1889-1962) est un journaliste et écrivain canadien. Source : citation-celebre.leparisien.fr.

66

L'amour conjugal conjugue l'amitié

> *Quant à l'affection conjugale, il semble qu'elle soit un effet direct et immédiat de la nature humaine : car l'homme est porté par sa nature à vivre avec la femme, plus encore qu'à vivre en société politique ; d'autant plus (dis-je) que nécessairement l'existence de la famille est antérieure à celle de la cité, et que la propagation des espèces est une loi commune à tous les êtres animés.*

Le foyer (l'*oikia*) est défini comme une réalité et un concept antérieurs et indispensables au surgissement de la cité.

Aristote, on l'a vu, a défini trois espèces d'amitié qui se distinguent quant à leur objet : l'utile, l'agréable et le bien. Ces trois sortes d'amitié sont hiérarchisées : la plus essentielle et la plus durable est celle qui est fondée sur la vertu ; la moins pérenne et la plus accidentelle est celle qui table sur l'utilité.

La *philia* conjugale fondée sur l'utilité et l'intérêt serait la plus fragile. Les services réciproques que les époux peuvent se rendre, comme le partage des tâches au sein du foyer par exemple, sont des avantages secondaires et non essentiels. Ces services n'exigent généralement pas des compétences exceptionnelles et peuvent, le cas échéant, être sous-traités.

Le cas est un peu différent lorsque des époux développent une entreprise commune, où les talents conjugués de chacun sont la clef de leur réussite. Ce type d'association reste relativement rare. Le lien qui est alors plus solide pourra durer aussi longtemps que les deux partis auront besoin l'un de l'autre.

Les amours conjugaux heureux sont ceux qui parviennent à transformer l'amour passionné en amour *philia*.

“

Dans le mariage, le mari et la femme
se vendent vertueusement ;
et de même qu'en grammaire,
deux négations valent une affirmation,
on peut dire qu'en négoce conjugal,
deux prostitutions valent une vertu.

Charles Fourier.

”

Le clin d'œil des auteurs
Le quitte ou double : toi et moi = « Nous »

La grande aventure commence pour vous ! Vous avez rencontré l'alter ego, vous formez un couple, vous répétez « nous » dans toutes les circonstances. Vous arrivez avec vos valises, et en les ouvrant, vous allez faire apparaître vos ami(e)s. Alors, là, c'est le « quitte ou double ». Car l'intégration ne se fait pas toujours. Si elle se fait, c'est magique ! Que de bons moments en perspective. Sinon, vous ne ferez pas comme les injustes qui abandonnent tout pour les beaux yeux de l'aimé(e). Non, je ne peux le croire ! Vous continuerez, de façon individuelle, la relation qui perpétuera les bonheurs partagés. Une sorte de jardin secret qui ne demandera qu'à se cultiver !

67

Ménager… ou manager l'autre ?

(L'amour conjugal) a encore pour but de se procurer toutes les choses nécessaires à la vie : car bientôt la tâche se trouve partagée entre les deux membres de l'association, et celle de l'homme est autre que celle de la femme. Aussi se prêtent-ils de mutuels secours, mettant en commun les moyens propres à chacun d'eux.

Basée sur des intérêts réciproques, cette *philia* conjugale a structuré notre société occidentale. N'oublions pas que, depuis la Haute Antiquité jusqu'à très récemment, dans la bourgeoisie et l'aristocratie, les mariages des enfants étaient préparés et arrangés par les parents. Les motivations étaient le plus souvent économiques (capitalisation, fusion de sociétés, convergence financière), politiques (accroître son pouvoir, unir deux territoires) ou sociales (accéder à une nouvelle classe, épouser un nom, jouir d'une situation privilégiée). Plus on descendait sur l'échelle sociale, et moins ce type de mariage se rencontrait.

Même si, depuis la fin du XVIIIe siècle jusqu'à maintenant, ce modèle a perdu progressivement du terrain, il reste encore très répandu et sans doute beaucoup plus qu'on ne le croit. En effet, la génération Z (née vers 2000) – confrontée notamment aux menaces écologiques et sanitaires, au chômage et à la mondialisation – a peut-être plus de mal à se projeter dans le futur et semble favoriser l'union fondée sur l'utilité.

Il est de plus en plus fréquent de voir des couples se former sur cette base. Ils ne s'aiment pas pour eux-mêmes mais pour l'avantage qu'ils retirent l'un de l'autre et, surtout, ne veulent ni rester seuls, ni s'engager.

Le Pacs constitue d'ailleurs un moyen en même temps qu'un symptôme de ce modèle.

Dans ce genre de dispositif, la sexualité est reléguée au second plan ou même tout simplement évacuée. La fidélité n'y trouve pas toujours sa place. Ce nouveau paradigme conjugal a au moins le mérite, d'une part, d'être consenti par les époux ou les individus pacsés, et d'autre part, de ne pas trop nourrir d'illusions les membres du couple sur la nature des relations qui les lient.

"

**Le devoir conjugal, il le revendique
comme un droit, le mari, accroché désespérément
à son petit privilège. Mais jour après jour,
nuit après nuit – inéluctablement –,
l'épouse remplace le devoir par la leçon.**

ABEL CASTEL[38].

"

38. Abel Castel est le pseudonyme de Benoit Lejuez. Comédien, metteur en scène, grand amateur d'aphorismes et de maximes, Abel Castel, *Pensées éparses d'un rabat-joie*, Éditions Max Milo, Paris, 2014.

68

Un tiens vaut mieux que deux tu l'auras

Mais les liaisons fondées sur l'utilité, sont exposées à ce genre d'inconvénient : car, comme on ne s'attache l'un à l'autre qu'en vue des avantages qu'on espère, on en désire toujours de plus grands, on croit toujours en trouver moins qu'on avait droit d'en attendre, on se plaint de ne pas obtenir tout ce qu'on aurait dû trouver et qu'on méritait : et le bienfaiteur se voit dans l'impossibilité de satisfaire à tous les besoins de l'obligé.

La *philia* conjugale fondée sur l'utilité, nous dit Aristote, est la seule qui donne lieu à des plaintes et réclamations. Il arrive presque toujours un moment où l'un ou l'autre se sent lésé.

Les amitiés fondées sur le plaisir ne sont guère sujettes à cette espèce d'inconvénient, nous dit le Stagirite, « *car les deux amis trouvent, en pareil cas, ce qui peut les satisfaire, s'ils aiment à vivre ensemble ; et celui qui se plaindrait que l'autre ne trouve pas de plaisir dans cette liaison, serait ridicule, puisqu'il ne tiendrait qu'à lui de ne pas consacrer ses jours entiers à une pareille amitié.* »

L'utilité répond plutôt au principe de réalité, alors que le plaisir répond évidemment au principe de plaisir. L'amour conjugal dont le fondement est le plaisir, l'agrément et le loisir a bien plus de chances de succès que le précédent. Le principe de plaisir est de nature à mieux souder la relation.

Victor Hugo, dans *Notre-Dame de Paris*, illustre ainsi sa vision de l'amitié par une métaphore familiale : « *L'amitié c'est être frère et sœur, deux âmes qui se touchent sans se confondre, les deux doigts de la main. L'amour c'est être deux et n'être qu'un. Un homme et une femme qui se fondent en un ange. C'est le ciel.* »

“

Certes la vie conjugale n'est qu'une habitude, une mauvaise habitude. Mais on regrette toujours de perdre ses habitudes, même les pires.

Oscar Wilde.

”

69

Joindre l'utile à l'agréable au sein du couple

> *C'est pour cette raison que l'utile et l'agréable semblent plus spécialement unis dans cette espèce d'amitié (l'amour conjugal). Elle peut même être fondée sur la vertu, si le mari et la femme sont dignes d'estime, puisque chacun d'eux a son mérite propre ; et ils peuvent trouver la plus douce satisfaction dans un pareil lien.*

Le plus éminent des liens conjugaux reste celui qui lie les époux en raison de leur vertu. L'ami(e) est un bien pour celui dont il est l'ami(e). Aimer son alter ego, c'est aimer ce qui est bon pour soi, de sorte que chacun en aimant l'autre, s'aime lui-même.

Mouvement altruiste et désintéressé, la *philia* trouve son fondement dans l'amour égoïste de l'homme de bien pour lui-même.

Un tel amour conjugal vise l'être de l'autre, ce qu'il est en lui-même. Il est rare, et demande du temps et de l'habitude pour s'installer. En ajoutant au bien l'utilité et le plaisir, cet amour supérieur réunit les traits des deux précédents. Plus la mise en commun et le partage sont considérables, plus l'amour est parfait. Ce qui fait l'objet de cette communauté conjugale pourra être des biens matériels, mais aussi des idées et des sentiments.

Dans ses *Pensées*, le moraliste Joseph Joubert[39] établit lui aussi un parallèle entre amour et amitié : « *Il faut ne choisir pour épouse que la femme qu'on choisirait pour ami, si elle était un homme.* »

Agamben[40] évoquant ce passage d'Aristote parle d'un « *partage purement existentiel (...) où les amis ne partagent pas quelque chose, (car) ils sont toujours déjà partagés par l'expérience de l'amitié* ».

Le modèle aristotélicien décrit un état d'harmonie : l'amitié comme réciprocité de deux vertus dirigées vers le bien.

Quant à Schopenhauer, dont la philosophie est empreinte d'un profond pessimisme, de phallocratie et de misogynie, il ne craint pas d'affirmer : « *Ainsi donc la fidélité conjugale, tout artificielle chez l'homme, est naturelle chez la femme, et par suite l'adultère de la femme, au point de vue objectif, à cause des suites qu'il peut avoir, comme aussi au point de vue subjectif, en tant que contraire à la nature, est bien plus impardonnable que celui de l'homme.* »

---

39. Joseph Joubert (1754-1824), ami de Chateaubriand et secrétaire de Diderot est l'auteur de nombreuses maximes et pensées.
40. Agamben, né en 1942, est un philosophe italien dont la pensée, particulièrement tournée vers l'histoire des concepts, se nourrit de philologie, de psychanalyse et d'une grande érudition. Giorgio Agamben, *L'Amitié*, Rivages poche/Petite bibliothèque, Paris, 2007.

“

**Pour arriver au bonheur conjugal,
il faut gravir une montagne dont l'étroit plateau
est bien près d'un revers aussi rapide que glissant.**

Honoré de Balzac.

”

70

Des époux partagés ou partageurs ?

Les enfants contribuent ordinairement à resserrer encore davantage (le couple) ; et c'est pour cela que les époux qui sont privés de ce bonheur, se désunissent plus promptement : car les enfants sont un bien commun à l'un et à l'autre, et tout ce qui est commun est un moyen d'union.

Le passage de la société agricole (culture collective) à la société industrielle a généré un intérêt individualiste et bouleversé le rôle du couple.

La guerre de 1914 a ensuite donné une nouvelle place à la femme et, dans les années 1950, la généralisation du salariat a encore accéléré le mouvement de transformation :
les individus ne sont plus définis par leur rôle social, mais par leur personnalité.

Depuis les années 1960, l'institution du mariage a elle-même été menacée. Ce qui était vrai du temps d'Aristote et qui est demeuré le principe structurant de nos sociétés jusqu'au XIXe siècle, à savoir le couple comme cellule de base de la société et facteur de développement de celle-ci, ne correspond plus aujourd'hui à l'idéologie dominante.

L'Europe aux tempes grises est vieillissante et la famille traditionnelle a volé en éclats.

Reste que le point de vue d'Aristote, selon lequel les enfants sont le ciment du couple, correspondait parfaitement à la réalité sociale de la Grèce classique. Les enfants sont un bien commun, nous dit-il. Il faut entendre ici le mot « bien » dans toutes les acceptions qu'il possède aujourd'hui.

Les enfants sont, un bien affectif et aussi, à terme, un bien matériel, une force de production future, comme ils le sont d'ailleurs dans de nombreux pays aujourd'hui. On estime qu'en 2020, plus de 170 millions d'enfants sont mis au travail sur la planète.

Les enfants sont également un bien immatériel et intellectuel, une source d'avenir dans une société.

Les enfants représentent aussi un bien commun, au sens large, car ils constituent un bien pour la communauté au sens très large, c'est-à-dire la patrie, le pays auquel ils appartiennent.

Ils sont par ailleurs un bien, au sens strict, au cœur du foyer. Ils constituent la base sur laquelle se construit la famille. Seul noyau à partir duquel on peut penser la cité, selon le Stagirite.

Enfin les enfants sont un bien, car ils encouragent la vertu de leurs parents. La bienveillance dont ils bénéficient est une mise en pratique d'une vertu suprême, la *philia*, un amour désintéressé qui vise le bien en soi.

À travers la venue au monde de l'enfant, dit Hegel, l'unité du mariage qui n'était encore « *qu'intimité et disposition d'esprit* » atteint « *l'objectivité véritable* ».

Elle prend la forme d'une réalité extérieure que les parents ont sous les yeux : « *Dans leurs enfants, ils ont devant eux le tout de leur union.* »

Tandis que, dans la constitution d'un patrimoine commun, l'unité de l'homme et de la femme « *ne se réalise que dans une chose extérieure* » (une maison, par exemple), « *dans les enfants, elle se réalise dans quelque chose* ».

Non seulement il serait erroné de croire que l'amour des enfants est une invention de notre modernité, mais ce serait oublier que nos aïeux, notamment durant l'Antiquité, ont marqué leur affection pour leurs enfants – sans doute de manière fort différente qu'aujourd'hui – et ce serait aussi ne pas tenir compte des dizaines de milliers d'enfants maltraités chaque année en France.

“

Les hommes, me disait une amie,
meurent rarement d'amour : ils s'endorment avant.
Et les femmes meurent, parfois,
de cet endormissement.

André Comte-Sponville.

”

71

Il faut laver son linge sale en famille

Voilà pourquoi l'on pense communément qu'un fils ne peut jamais (répudier) son père, tandis que le père peut fort bien répudier son fils. Car on est obligé de rendre ce qu'on a reçu, et il n'a jamais rien pu faire pour son père qui fût capable d'acquitter sa dette, en sorte qu'elle subsiste toujours : or, celui à qui l'on doit est toujours en droit de (répudier) son débiteur ; par conséquent, le père a ce droit-là.

C'est le père qui choisit en général une femme pour son fils, dans l'Athènes d'Aristote. Il le fait, en tenant compte des relations qu'il désire entretenir avec telle ou telle famille, ou bien, encore, il choisit la future de son fils dans sa famille élargie.

Depuis l'époque « homérique », le statut de la femme s'est dégradé. Elle n'est pas une associée de l'homme, mais est considérée comme une inférieure, soumise aux exigences masculines. Élevée dans un milieu purement domestique, à l'écart de toute existence intellectuelle, sociale, politique, elle vit sous la surveillance de sa mère.

Au IVe siècle avant J.-C., les mœurs athéniennes s'étant relâchées, les infractions à la loi conjugale sont fréquentes. Apollodore, un orateur de la fin du siècle aurait déclaré : « *Nous avons les courtisanes pour le plaisir, les concubines pour nous fournir les soins journaliers, les épouses pour qu'elles nous donnent des enfants légitimes et soient les gardiennes fidèles de notre intérieur*[41]. »

Les Athéniennes ont été habituées avant leur mariage, à ne rien voir, à ne rien entendre et à ne poser aucune question. Aristophane brosse un tableau amusant opposant la frénésie des hommes à la sérénité des femmes : « *Leurs pratiques sont préférables aux nôtres ; je vais vous le montrer. (…) Elles, assises, font leur grillade, comme par le passé ; elles célèbrent les Thesmophories, comme par le passé ; elles cuisent leurs gâteaux, comme par le passé ; elles agacent leurs maris, comme par le passé ; elles ont des amants au logis, comme par le passé ; elles se cuisinent des friandises, comme par le passé ; elles aiment le vin pur, comme par le passé ; elles aiment le jeu d'amour, comme par le passé.* »

41. Démosthènes, *Contre Nééra*, Les Belles Lettres, 1992.

“

Les premiers développements du cœur furent l'effet d'une situation nouvelle qui réunissait dans une habitation commune les maris et les femmes, les pères et les enfants ; l'habitude de vivre ensemble fit naître les plus doux sentiments qui soient connus des hommes, l'amour conjugal, et l'amour paternel.

JEAN-JACQUES ROUSSEAU.

”

Le clin d'œil des auteurs
La vérité au grand jour

Nous avons toujours apprécié Raphaël Enthoven, ce philosophe souvent présent sur nos chaînes de télévision, même si, parfois, nous le trouvions un peu catégorique et trop sérieux. Jusqu'alors, ses ouvrages correspondaient à ses discours, et, soudain, à la lumière du confinement, il a écrit et fait publier son roman polémique *Le Temps gagné*. Lors de la présentation de ce livre à la TV, nous avons découvert un homme métamorphosé, vindicatif, révolté et... épanoui, qui, en faisant éclater sa vérité, semblait libéré d'un poids écrasant. Un secret de famille, une souffrance dont la médiatisation a fait souffrir tous ses proches, en particulier son propre père qui a coupé les ponts avec lui. D'où la nouvelle expression : « laver son linge sale hors famille ».

72

Parrainer ses aînés

> *Il semble encore que l'on soit obligé, par-dessus tout, à procurer la subsistance à ses père et mère ; c'est comme une dette qu'on a contractée, et il est plus beau de l'acquitter envers ceux à qui l'on doit la vie que de pourvoir à sa propre existence.*

En Grèce, bien plus qu'une simple obligation morale, le devoir de respecter ses parents était un précepte religieux aussi important que de respecter les dieux.

Il n'y a pas de loi plus belle que d'obéir à ses parents, lit-on chez Sophocle.

Chez Eschine, le mauvais traitement à l'égard des parents est jugé comme une impiété, car c'est manquer de considération « *envers ceux que nous devons honorer à l'égal des dieux* ».

Dans le monde antique où la pension de retraite n'existait pas, honorer ses parents implique aussi d'assurer leur subsistance durant leurs vieux jours. Aristote est un homme de son temps et il érige en principe moral ce qui est inscrit dans la tradition religieuse et même, dans la plupart des cités, dans la loi.

Les Grecs, et le Stagirite le premier, considéraient que le comportement de certains animaux donnait aux hommes l'exemple à suivre en matière d'amour filial.

Isocrate, à la même époque, dans ses *Discours de morale*, rappelle que l'assistance est un devoir fondamental de la *philia* : « *Un des devoirs de l'amitié est de porter assistance à ses amis en toutes circonstances.* »

Aristophane, de son côté, dans sa comédie *Les Oiseaux*, évoque la piété des cigogneaux : « *Lorsque le père cigogne a mis tous les cigogneaux en état de voler en les nourrissant, les petits doivent à leur tour nourrir leur père.* »

Autour de cette notion de piété filiale, de nombreuses anecdotes et légendes ont couru dans l'Antiquité. Lycurgue nous a rapporté l'une d'entre elles qui raconte que deux jeunes gens de Catane portèrent sur leur dos leurs parents, afin de les sauver d'un flot de lave. Ce fardeau retardait leur course et la lave les rattrapa, mais bien que risquant leur vie, ils n'abandonnèrent pas leurs parents. Alors, les dieux émus par cet exemple d'amour filial, séparèrent la lave en deux coulées qui passèrent à côté d'eux sans les atteindre. Depuis ce temps-là, le lieu de cet exploit a été baptisé « Champ de Piété ».

Une autre histoire, tout à fait émouvante et pour le moins œdipienne, raconte que le prince Tectaphos qui avait été condamné à mourir de faim dans un souterrain, fut sauvé par sa fille Eérié. Comme elle venait d'être mère, elle obtint la permission de se rendre auprès de son père qu'elle put sauver en l'allaitant !

“

L'amitié n'est pas une simple formule, c'est le devoir d'assistance dans la peine.

ALBERT CAMUS.

”

Le clin d'œil des auteurs

Dans l'amitié, notre esprit se double du sien si bien que notre ami(e) (c)ouvre notre champ de vision.

73

À tout seigneur, tout honneur

On doit, en général, à tout homme d'un âge avancé les égards qu'exige sa vieillesse, comme de se lever en sa présence, de lui céder la place de distinction dans un repas, et autres choses semblables.

Au IVe siècle avant J.-C., il y avait chez les philosophes un débat très animé à ce sujet. En effet, la plupart des sophistes proclamaient qu'il n'était pas naturel de respecter ses parents. Mais le respect et la piété que l'on vouait à ses parents variaient d'une cité à l'autre.

La situation, par exemple, n'était pas la même à Athènes qu'à Sparte. Dans la gérontocratie spartiate, le respect du père s'imposait, alors qu'à Athènes c'était moins flagrant, du fait que les luttes entre clans conduisaient parfois les pères et les fils à s'opposer.

De la fin du Ve siècle au IVe siècle avant J.-C., les conflits de générations paraissent avoir pris une importance singulière dans la société athénienne. Dans ces circonstances, il était sans doute opportun qu'Aristote rappelât le rôle des uns et des autres, ainsi que l'importance de la piété filiale.

Dans l'Athènes classique, lorsqu'un citoyen mourait en héros à la guerre, laissant derrière lui une famille sans ressources, l'État lui témoignait les honneurs en lui accordant de grandioses funérailles, et en prenant en charge les orphelins, la veuve et les parents. Mais la générosité de l'État athénien n'allait pas plus loin. Ceux qui n'étaient pas tombés au combat devaient se débrouiller seuls. La religion et la plupart des lois des cités prescrivaient donc assez logiquement que les enfants s'occupassent de leurs aînés.

Platon ne plaisante pas sur le sujet de la piété filiale et du respect dû aux aînés. Dans *Les Lois* (880e-881b), il précise que quiconque aura osé « *porter la main sur un père, une mère ou des aïeux et user envers eux de violence et de mauvais traitements* » sera banni à perpétuité de la cité et se verra interdire tous les temples. Sans compter les peines qu'il connaîtra ensuite dans l'Hadès.

“

L'amitié, c'est le respect, l'acceptation totale d'un autre être.

Marguerite Yourcenar.

”

74

L'esclave est-il sujet à être un ami ?

Un esclave peut être l'objet d'amitié en sa qualité d'homme ; et il semble, en effet, que tout homme est obligé à quelque devoir de justice envers tout être capable de se soumettre à une loi commune, ou de participer à une convention, et, par conséquent (un esclave) est un objet convenable d'amitié, en tant qu'il est homme.

Cela sonne étrangement à nos oreilles, aujourd'hui, alors que l'esclavage dans nos sociétés occidentales a été (théoriquement) aboli depuis près d'un siècle.

Dans la Grèce antique, l'esclavage était un fait ordinaire et naturel. Si l'on veut cerner ce qu'est l'esclavage à cette époque, il faut également interroger son contraire, et se demander ce qu'est la liberté, pour un citoyen grec au IVe siècle avant notre ère.

Tout d'abord, la notion de liberté n'a de sens que dans le cadre d'une communauté. Elle concerne avant tout les hommes, et elle se traduit par des avantages de nature politique comme chez nous, mais aussi de nature juridique, religieuse, culturelle et surtout économique.

Les esclaves ne pouvaient pas se marier, ni fonder une famille. Ils ne possédaient rien, sinon un petit pécule, un peu d'argent de poche en quelque sorte. Leurs conditions de vie étaient déplorables, ils étaient fréquemment fouettés et ils étaient régulièrement raillés.

En ce temps-là, Athènes fait un peu exception et les Athéniens passent pour être des maîtres plus cléments. Aristote évoque une population de 470 000 esclaves constitutive de la cité de Corinthe et de la petite île d'Égine. Cela donne à penser qu'il y aurait eu 3 à 4 fois plus d'esclaves que d'hommes libres !

Cela se comprend du fait que ces esclaves représentaient l'essentiel de la force de production agricole et artisanale de la société. À titre d'illustration, on sait que l'exploitation des mines d'argent du Laurion, vitales pour l'économie athénienne, aurait sans doute mobilisé près de 20 000 esclaves.

“

L'esclavage est pire que tous les maux réunis ensembles.

Plaute.

”

75

Les esclaves s'affranchissent-ils de l'amitié ?

En effet, la tyrannie ne renferme aucun sentiment (d'amitié), ou du moins n'en conserve que bien peu; car, du moment où il n'y a rien de commun entre le maître et le sujet, il n'y a non plus aucune affection réciproque : et il n'y a pas plus de justice; mais le seul rapport qui existe entre eux est celui [...] *du maître à l'égard de l'esclave* [...].

Aristote vit dans une civilisation grecque où l'esclavage est une institution perçue comme naturelle. Il n'a aucune raison de le remettre en cause. Néanmoins, on peut légitimement admirer le fait qu'il considère que l'esclave, au-delà de sa force de production et de son statut d'« outil », soit digne d'amitié dans sa dimension humaine.

Aristote condamne très clairement le maître qui considère l'esclave sous le seul rapport d'utilité, et qui exerce alors son pouvoir comme un tyran.

Les esclaves peuvent être affranchis, mais, pour ce faire, ils doivent généralement rembourser au moins leur valeur marchande à leur maître, soit grâce à des économies ou le plus souvent en contractant un prêt auprès de leur maître, qu'ils acquitteront en travaillant encore des années durant pour celui-ci. Néanmoins, certains maîtres affranchissaient parfois leur esclave sans contrepartie, notamment dans une clause testamentaire. L'esclave étant le bien du maître, son destin était lié à la personnalité de celui qui l'employait. Rappelons tout de même que bon nombre d'esclaves parlaient et écrivaient le grec, et que certains d'entre eux, comme Térence ou Épictète par exemple, furent même de grands lettrés.

Voici ce que Térence nous dit à propos de la tyrannie : « *On se fourvoie complètement si l'on croit que l'autorité est plus forte et plus solide quand elle se fonde sur la force, que lorsqu'elle s'appuie sur l'affection.* »

Dans sa *Politique* (1253 b), Aristote a même évoqué une utopie, à moins qu'il ne s'agisse d'un des tout premiers récits de science-fiction : « *Si chaque instrument pouvait, par ordre ou par pressentiment, accomplir son œuvre propre, si, pareils aux statues légendaires de Dédale et aux trépieds d'Héphaïstos qui, au dire du poète [Homère], "pouvaient d'eux-mêmes entrer dans l'assemblée des dieux", les navettes tissaient d'elles-mêmes et les plectres jouaient de la cithare, les maîtres d'œuvre n'auraient nul besoin de manœuvres ni les maîtres d'esclaves.* »

“

C'est être sage que de n'accuser que soi de ses malheurs.

Épictète.

”

76

Quand la politique rentre au foyer

> *Or, il y a trois espèces de gouvernements et autant de manières de dévier de la forme propre à chacune d'elles, et qui en sont comme des corruptions ou des dégénérations. Ces formes principales sont, la Royauté, l'Aristocratie, et (la) Timocratie*[42].

Pour Aristote, le type de pouvoir le plus légitime et le plus abouti est, sans nul doute, la royauté, à condition que le roi n'ait d'autre objectif que l'intérêt de ceux qui sont placés sous son autorité. Le véritable roi, écrit-il, sera celui qui « *sait se suffire à lui-même, et qui surpasse les autres hommes en tout genre de biens et d'avantages* ».

Le pire des modes de gouvernement sera son exact contraire, à savoir la tyrannie. En effet, au lieu de gouverner pour le bien de ses sujets, le tyran n'aura en vue que son intérêt personnel. Le tyran, n'envisageant que son propre

42. Platon, dans sa *République*, donne le nom de timocratie, ou timarchie, à une forme spécifique d'oligarchie, que Xénophon a appelé ploutocratie, c'est-à-dire, le pouvoir des riches.

avantage, constitue donc l'exact opposé du roi. La tyrannie est une royauté corrompue et dégénérée.

Vient ensuite, en seconde position, l'aristocratie. Elle consiste à ce que le pouvoir soit entre les mains des hommes les plus vertueux et les plus sages. C'est une organisation très efficace et qui concourt au bonheur des concitoyens, tant que ceux qui gouvernent ont pour objectif le bien commun.

Cependant ce système peut facilement dériver en oligarchie, dès lors que les gouvernants, oublieux de leurs obligations, pervertissent ce pouvoir et le détournent à leur profit.

Enfin le troisième système, appelé timocratie, donnerait théoriquement le pouvoir à ceux qui auraient une position dans la société et une connaissance des affaires publiques légitimes. Sa corruption, sa dérive serait alors la démocratie dans laquelle l'ensemble du peuple est appelé à prendre les décisions.

Timocratie et démocratie se ressemblent fort et sont proches.

Parmi les trois formes de déviation du pouvoir, la moins mauvaise et la moins dangereuse est la démocratie, parce qu'elle reste voisine de la forme principale, la timocratie, dont elle est une légère dérive.

“

**Dans les États monarchiques et modérés,
la puissance est bornée par ce qui en est le ressort,
je veux dire l'honneur, qui règne,
comme un monarque, sur le prince et sur le peuple.
Dans l'état de nature, les hommes naissent bien
dans l'égalité ; mais ils n'y sauraient rester.
La société la leur fait perdre,
et ils ne redeviennent égaux que par les lois.
Lorsque dans la république, le peuple en corps
a la souveraine puissance, c'est une Démocratie.
Lorsque la souveraine puissance
est entre les mains d'une partie du peuple,
cela s'appelle une Aristocratie.**

MONTESQUIEU.

”

77

Gouverner, c'est régner

On pourrait trouver des images et comme des exemples de ces formes (de gouvernement) dans le mode d'existence des familles.

C'est précisément ce que fait Aristote, en mettant en parallèle la royauté et la *philia* paternelle. L'analogie est une méthode à laquelle recourt fréquemment le philosophe. L'autorité du Roi sur ses sujets est comparable à celle du père sur ses enfants.

Le père qui, tel un roi, « règne » sur ses enfants, visera à tout mettre en œuvre pour assurer leur subsistance, leur protection, leur éducation et leur bien. Cet amour paternel sera alors vertueux.

A contrario, le dévoiement de cette autorité conduira le père à agir comme un tyran qui fait passer absolument son intérêt propre avant celui de ses enfants.

Les rapports du mari avec sa femme sont analogues à l'aristocratie. Chacun d'eux gouverne sur la famille en raison de ses talents et de ses mérites propres.

En revanche, si l'homme veut tout régenter et régner en seul maître, il pratiquera une sorte d'oligarchie. Ce ne sera plus en raison de ses compétences qu'il agira, mais en fonction d'une soif de pouvoir et d'un autoritarisme illégitime.

Au lieu que son autorité puise sa force dans la vertu, il versera dans la mégalomanie ou l'autocratie.

Pour le Stagirite, l'homme doit partager l'autorité parentale avec sa femme.

Lorsque la famille est dirigée par une fratrie, (à condition que la différence d'âge entre ses membres ne soit pas trop importante), on est dans un mode de gestion proche de la timocratie où l'autorité est partagée par les frères qui se reconnaissent comme égaux. Il s'agit alors de la *philia* fraternelle.

Aristote indique que la forme de gouvernement appelée timocratie, ressemble à la *philia* fraternelle, « *puisque les citoyens y aiment l'égalité, et sont animés du désir de l'estime ; que l'autorité y est exercée tour à tour et avec un droit égal, ce qui est encore le caractère de l'amitié* ».

La forme altérée de la timocratie étant la démocratie, pour Aristote, elle se rencontre particulièrement dans les familles qui n'ont pas de chef, dans lesquelles tous les membres se prétendent égaux, et où chacun vit au gré de ses envies ou caprices. Ce type d'administration de la famille, s'il vient après la *philia* paternelle, la *philia* conjugale et la *philia* fraternelle, vaut bien mieux que la *philia* conjugale corrompue en oligarchie, et infiniment mieux que la *philia* paternelle tyrannique.

> **Les hommes sont tous égaux**
> **dans le gouvernement républicain ;**
> **ils sont égaux dans le gouvernement despotique :**
> **dans le premier, c'est parce qu'ils sont tout ;**
> **dans le second, c'est parce qu'ils ne sont rien.**
>
> MONTESQUIEU.

Le clin d'œil des auteurs
Le droit paternel en question

L'autorité parentale, telle que la voyait Aristote – mais dans un cadre culturel très différent du nôtre – a fait depuis, l'objet de nombreux débats sur le féminisme et l'égalité hommes et femmes. Avant 1970, le père exerçait seul sa puissance. Évolution des mœurs et de la société : il faudra attendre 2002 et la médiatisation des associations masculines, pour que soit votée lors d'un divorce ou d'une rupture, la reconnaissance des droits paternels.

78

Le père est à ses enfants ce que le roi est à ses sujets

Le père est l'auteur de l'existence, c'est-à-dire, du plus grand des biens, pour ses enfants ; il pourvoit à leur nourriture et à leur éducation. On rend même un hommage semblable aux ancêtres ; car il y a une sorte d'autorité naturelle du père sur ses enfants, des ancêtres sur leurs descendants, du roi sur ses sujets.

Donner la vie à ses enfants, la préserver et la garantir, est, de l'aveu d'Aristote, le plus grand bien que l'on puisse leur offrir.

Il en résulte que les enfants resteront éternellement les débiteurs de leurs parents.

Les réflexions que l'on entend parfois aujourd'hui dans la bouche des enfants et des adolescents, du type « *je n'ai pas demandé à naître, je ne dois rien à mes parents* » sont aux antipodes de la conception grecque du rapport filial.

Pour le philosophe athénien, s'il est évident que les enfants ne pourront jamais s'acquitter de la dette qu'ils contractent dès leur naissance à l'égard des parents, au moins leur doivent-ils respect et dévouement. La vie est le bien le plus précieux qui soit.

Les aînés méritent la considération de leurs descendants. N'oublions pas que les conditions de vie en Grèce antique, au IVe siècle, sont assez exceptionnelles. Évidemment, la mortalité infantile y est très forte, mais l'espérance de vie à 30 ans devait déjà être considérable. En tout cas, la Grèce antique a produit de nombreux octogénaires, nonagénaires ainsi que quelques centenaires. Ainsi, le philosophe sophiste Gorgias, contradicteur de Socrate, serait mort à l'âge de 109 ans.

Aussi, le culte des morts, les commémorations, prennent tout leur sens tant il est naturel d'honorer et de rendre hommage à ceux à qui l'on doit la vie. Les enfants sont à l'égard de leurs parents dans un rapport analogue à celui des hommes vis-à-vis des dieux : ils leur doivent la vie.

“

Montre envers père et mère une piété tendre,
Rends à tous deux même devoir :
Que l'amour paternel n'empêche point de rendre
Les soins que pour sa mère un bon fils doit avoir.

Caton l'Ancien.

”

79

Défendre l'intérêt général

L'accord des sentiments entre citoyens, semble être, et s'appelle, en effet, amitié civile ou politique ; car elle a lieu au sujet des intérêts communs, et des choses qui se rapportent aux besoins de la vie. Au reste, un pareil accord existe ordinairement entre les gens de bien ; car ceux-là surtout s'accordent avec eux-mêmes, et les uns avec les autres, ayant, pour ainsi dire, les mêmes objets en vue. Leurs volontés sont constantes et fermes, et ne sont pas agitées par un continuel flux et reflux : la justice, l'intérêt général, voilà l'objet commun de leurs désirs.

Dans le cadre du gouvernement de la cité, s'accorder sur l'intérêt général, c'est faire preuve d'une amitié civile ou citoyenne. Il s'agit, en quelque sorte, de l'extrapolation du sentiment d'amitié à toute la cité.

Cette amitié civile est le vrai ciment de la cité contre les forces centrifuges des différentes factions qui la composent. Pour notre philosophe, la *philia* est autant une vertu privée que publique. Pour lui, l'éthique doit toujours être subordonnée au politique. À la différence de celle des animaux, la communauté humaine se définit par la nécessité d'un « vivre-ensemble ». Il s'agit d'une dimension proprement existentielle de l'humanité. L'amitié constitue donc, en ce sens, un consentement au fait même d'exister. Comme le dit si bien Victor Hugo : « *Le plus lourd fardeau, c'est d'exister sans vivre.* »

Chez le philosophe athénien, se sentir exister et se sentir vivre sont deux actions qui se superposent parfaitement, deux manières d'être au monde consubstantielles. Une équivalence est induite entre être et vivre, se sentir exister et se sentir vivre.

On trouve là une intuition de la pensée de Nietzsche selon laquelle « *être : nous n'avons pas d'autre expérience qu'en vivant.* »

La *philia* est un réservoir d'affectivité, d'élan et de générosité qui permet de parfaire le maillage social. Cela s'appuie sur des associations, des amicales, des phratries[43] qui toutes ensemble élaborent le tissu social et politique de la cité à travers les fêtes, les plaisirs et les jeux, comme à travers les épreuves.

La *philia*, c'est aussi le sentiment désintéressé qui rend possible de concilier, comme le veut Aristote, la propriété privée des biens et l'usage en commun de ses fruits, conformément au proverbe de Platon qu'entre amis « tout est commun ».

L'amitié crée entre les individus un genre de communauté politique, car les individus sont interdépendants, ils ont besoin les uns des autres. Pour le Stagirite, un homme isolé est « soit une bête, soit un dieu ».

43. En Grèce antique, pendant la période archaïque, chaque tribu est divisée en phratries. Il s'agit d'associations de personnes ou de familles qui se regroupent en fonction de leur adhésion à des valeurs religieuses ou politiques. Durant la période classique, ces phratries évolueront en divisions territoriales de l'État athénien.

Dans l'amitié, je reconnais l'autre comme un autre moi-même, comme quelqu'un qui a la même nature que moi et qui, cependant, est différent. Ce sont bien la pluralité et la différence qui définissent cette condition humaine, que la relation amicale régulièrement met au jour et à jour.

Aristote nous met en garde. Une société où les hommes chercheraient à faire valoir leur propre intérêt, sans égard pour l'intérêt général, serait une société dévoyée. La pensée du Stagirite mérite d'être méditée à la lumière des théories économiques et politiques libérales et ultralibérales qui ont prospéré depuis le XVIIIe siècle.

L'idéal politique de notre philosophe est un idéal communautaire et non individualiste.

À ce propos, rappelons que le monde grec est étranger au concept d'un individu qui défendrait ses intérêts, qui serait autocentré sur sa propre subjectivité. Une personne de cet acabit serait une personne vile et non un citoyen de la cité, et si c'est entre les mains d'un tel homme que le pouvoir repose, alors il s'agirait d'un tyran.

Confucius nous met lui aussi en garde : « *Pour bien gouverner un État, il faut éloigner les beaux parleurs. Ils sont dangereux.* »

Une société digne de ce nom ne peut être fondée sur le principe d'un libre-échange débridé.

Il y a fort à parier que Bernard Tapie, Rockfeller, Jeff Bezos (le patron d'Amazon), Mark Zuckerberg (le dirigeant de Facebook) n'auraient pas figuré, pour Aristote, au palmarès des hommes vertueux et exemplaires.

Écoutons-le : « *Ainsi, il ne saurait y avoir amitié entre des hommes ambitieux et avides de tous les emplois lucratifs, et toujours prêts à se refuser à ceux qui exposent à des fatigues, ou qui obligent à de grandes dépenses. Dans l'empressement où est chacun d'obtenir ce qui lui est avantageux, il épie son concurrent, et cherche à lui susciter des obstacles. L'intérêt général, dont personne ne s'occupe, est ainsi sacrifié.* »

“

**Et vous, législateurs, souvenez-vous
que vous n'êtes point les représentants d'une caste
privilégiée, mais ceux du peuple français,
n'oubliez pas que la source de l'ordre,
c'est la justice,
que le plus sûr garant de la tranquillité publique,
c'est le bonheur des citoyens,
et que les longues convulsions
qui déchirent les États ne sont que
le combat des préjugés contre les principes,
de l'égoïsme contre l'intérêt général ;
de l'orgueil et des passions des hommes puissants
contre les droits et contre les besoins des faibles.**

Robespierre.

”

80

Pouvoir et amitié ne font pas bon ménage

> *Mais les hommes constitués en dignité, ou qui exercent de grands emplois, ont ordinairement deux sortes d'amis : les uns qui leur sont utiles, et les autres qui leur sont agréables. Car il est rare que les mêmes personnes réunissent ces deux avantages.*

Aristote insiste sur ce point, il est pratiquement impossible pour un prince ou un roi d'avoir de véritables amis. Cela est vrai pour plusieurs raisons, à commencer par le principe d'égalité qui conditionne l'amitié essentielle.

L'égalité qui doit régner entre les amis et son corollaire, le désintéressement, ne font pas bon ménage avec les arcanes du pouvoir. Ensuite, l'amitié doit s'établir en toute liberté : elle est donc l'antithèse de la tyrannie. L'amitié est aussi une servitude volontaire.

Le roi devra donc se contenter d'amitiés accidentelles et les considérer pour ce qu'elles sont. Une préférence pourra toujours être donnée sur celle dont le fondement est l'agrément car elles sont plus constantes et pérennes. Des amis, à la fois utiles et agréables, se rencontrent rarement, nous rappelle Aristote.

Parce qu'ils sont cimentés par la vertu, les amis véritables sont pratiquement les seuls qui peuvent prétendre être en même temps utiles, agréables, et encore bien davantage.

Le philosophe athénien est conduit à faire le constat que les hommes qui ont du pouvoir se trouvent davantage entourés de gens qui souhaitent être amis par pur intérêt. Plus on a de pouvoir, plus on est exposé à avoir de tels amis.

Il suffit pour s'en convaincre de voir combien nos hommes politiques, adulés pendant leur mandat, se trouvent isolés et abandonnés lorsque le vent tourne.

Aristote en est parfaitement conscient, le pouvoir isole.

"

Les hommes en général sont plus portés à ménager celui qui se fait craindre que celui qui se fait aimer. La raison en est que l'amitié étant un lien simplement moral de reconnaissance ne peut tenir contre les calculs de l'intérêt, au lieu que la crainte a pour base un châtiment dont l'idée reste toujours vivante.

Machiavel.

"

81

Souhaiter le meilleur à ses amis comme à soi-même

> *Les sentiments de bienveillance, et qui constituent les liaisons d'amitié, semblent avoir leur principe dans ceux qu'on a pour soi-même : car on appelle ami celui qui veut ou qui fait du bien, (...) uniquement à cause de la personne qu'il aime, ou qui veut que son ami vive et se conserve pour son seul avantage.*

Il convient d'exercer une bienveillance constante à l'égard de son ami. Et ce sentiment noble fait d'attention, de bonté et de prévenance, n'a d'égal que la bienveillance que l'on se doit à soi-même.

L'homme bon se souhaite et se fait du bien à lui-même, ainsi que sa pensée et son intelligence le lui prescrivent. De même, s'il recherche la conservation de son être et de sa vie, c'est aussi en vertu de ce que lui dicte son esprit. L'amour de soi et l'amour que l'on porte à un ami sont parfaitement symétriques. Pour s'ouvrir à cette pure amitié, il importe de s'aimer soi-même. On veut le bien d'un ami comme on le veut pour soi-même.

En Grèce antique, il était fréquent que des amis se souhaitent la santé, la prospérité, bref qu'ils échangent des vœux de bonheur. Cette pratique était courante et même indispensable pour entretenir la relation amicale. À l'époque, on ne se payait pas de mots. Les paroles prononcées étaient lourdes de sens car, souvent, lorsque l'on formulait un souhait, on prenait un dieu ou les dieux à témoin. Le vœu que l'on adressait n'était pas très éloigné d'un serment. L'hypocrisie entre amis avait ainsi l'avantage d'être sans doute mieux contenue qu'elle ne l'est aujourd'hui.

Une mère donne naissance, elle donne la vie, elle donne de l'amour à ses enfants. Pourquoi parler de don ? Donner la vie est un processus biologique qui concerne les humains comme les animaux. La mère donne la vie, cette expression n'est pas aussi innocente, elle induit l'idée qu'en se séparant de quelque chose qui lui appartient, elle en fait don.

En donnant naissance à un enfant qui, en quelque sorte, lui appartenait, elle abandonne quelque chose d'extrêmement précieux. Cet enfant constitue, constituait un peu le prolongement d'elle-même. C'est à un « petit » d'elle-même qu'elle a donné le jour.

“

Qu'un ami véritable est une douce chose !
Il cherche vos besoins au fond de votre cœur ;
Il vous épargne la pudeur
de les lui découvrir vous-même.

Jean de La Fontaine.

”

82

Le savoir-vivre comme un devoir

Car le devoir de l'honnête homme est de s'appliquer avec ardeur à son propre bien, c'est-à-dire, pour l'avantage de cette partie de lui-même qui est capable de raison, et qui semble être l'essence de chaque individu : aussi aspire-t-il à vivre, à se conserver lui-même, et surtout cette partie de son être par laquelle il juge et pense ; car vivre est déjà un bien pour celui qui est sage et appliqué.

L'amitié, note le philosophe, se réalise sur quatre axes principaux que l'on retrouve dans l'amour de soi : souhaiter faire du bien pour son ami ; souhaiter l'existence et la conservation de sa vie ; partager sa vie et ses goûts ; partager ses joies et tristesses.

Aristote ajoute encore une précision pour bien marquer la limite entre amour de soi vertueux et égoïsme : « *Toujours est-il que l'amitié pourrait se reconnaître à deux ou plusieurs des caractères que nous avons indiqués, et que, quand elle est portée à l'excès, elle ressemble à l'amour de soi* (il faut entendre ici l'égoïsme). »

Pour les Grecs, qu'il s'agisse d'un comportement ou d'un sentiment, l'excès ou la démesure se nomme *Hubris*. L'*hubris* est inspiré par des passions, comme l'orgueil, l'arrogance, la mégalomanie... Les Grecs lui opposaient la tempérance (*sophrosuné*) et la modération, qui favorisent la connaissance de soi et de ses propres limites.

Dans sa *Politique*, le Stagirite ajoute : « *L'égoïsme, voilà le genre d'amour qui est justement décrié, parce qu'il n'est pas l'amour de soi, mais une passion désordonnée de soi, passion funeste qui entraîne l'avare vers son argent, et tous les hommes vers l'objet de leurs désirs.* »

L'amour de soi ou « *philautia* » (en aucun cas l'égoïsme), consiste à soumettre ses désirs et ses décisions à ce qui, en soi, est le plus éminent et qui doit commander l'âme humaine, à savoir l'intellect.

Loin d'être contraire à l'amitié, elle est ce qui la fonde. L'amour de soi est simultanément bénéfique pour soi-même et pour autrui. La *philautia* authentique et vertueuse conduit à « agir pour les amis ». Aristote va même jusqu'à proclamer qu'elle peut aller jusqu'à mourir pour son ami. Cet amour de soi, on le comprend, est, de ce point de vue, à l'extrême opposé de ce que l'on nomme l'égoïsme.

En même temps, lorsque je pratique l'amitié, lorsque je partage ce sentiment noble avec mon ami, j'apprends à mieux me connaître et à mieux m'aimer. Le rapport entre amour-propre, *philautia*, amour de soi et connaissance de soi, s'établit dans un rapport dialectique avec la *philia* que j'éprouve pour mon ami, l'estime que j'ai pour lui et la connaissance de ce qu'il est dans son être profond. Il s'agit bien d'un cercle vertueux, entendu dans toute l'acception du terme.

“

L'amour est le vaccin de l'amour-propre.

FRIEDRICH HEBBEL[44].

”

44. Friedrich Hebbel (1813-1863) est un poète et dramaturge allemand. Friedrich Hebbel, *Aphorismes et Réflexions.*

83

L'amour-propre est propre à l'amitié

> *Or, un être doué d'intelligence veut vivre avec lui-même, et y trouve du plaisir ; les souvenirs de ce qu'il a fait ont des charmes pour lui ; l'avenir ne lui offre que de flatteuses espérances ; sa pensée est féconde en sujets de contemplation ; et c'est surtout avec ses propres plaisirs, avec ses propres peines qu'il se plaît à sympathiser : car il trouve toujours plaisir ou peine dans les mêmes objets, et jamais ses sentiments ne varient.*

Aristote nous dit, ailleurs : « *Nous sympathisons surtout avec nous-mêmes. Or, ces caractères de sympathie avec nous-mêmes, de désir d'une vie heureuse, et autres conditions semblables, nous les appliquons ou à l'amour de soi, ou à l'amitié parfaite.* »

Le but d'Aristote est d'indiquer que l'amitié vertueuse bénéficie d'une préséance éthique en ce qu'elle est la seule à regarder l'autre comme le pilier de ma propre personnalité, comme le principe même de mon identité. Cette amitié suprême ne consiste pas à se rapporter à l'autre comme à une chose, mais à le considérer comme un « autre moi-même ».

L'ami véritable n'est pas seulement un miroir de ma condition humaine, de ma disposition et de ma position éthique, il détermine qui je suis au plus profond de mon être. L'ami véritable est celui avec qui je vis, j'agis, je sens et je pense, en d'autres termes, celui grâce à qui je me réalise sur le plan moral et amical comme homme vertueux.

Coup d'œil étymologique

La sympathie (*sunpathéia* en grec) est étymologiquement proche de sa traduction latine qui a donné le concept de compassion, le fait de partager les sentiments d'autrui. En effet, « sun » en grec signifie *ensemble* ou *avec*, et *pathein* renvoie à l'idée de souffrir, de pâtir ou d'éprouver ce qu'autrui ressent. La traduction latine de la sympathie est donc une condition sine qua non de l'amitié. Cette notion est proche de la bienveillance.

La sympathie grecque évoque ainsi l'idée de s'associer à la souffrance de l'autre et de la partager. Cette idée est assez proche de celle d'altruisme ou encore d'empathie, notion fort usitée aujourd'hui. Avoir de l'empathie pour quelqu'un, c'est, au sens grec, avoir de la sympathie pour lui.

“

Quelquefois, il y a des sympathies si réelles que, se rencontrant pour la première fois, on semble se retrouver.

Alfred de Musset.

”

84

Les gens vils sont-ils capables d'amitié ?

> *On demande, s'il faut s'aimer soi-même plus que tout, ou porter son affection sur un autre ? Car ceux qui s'aiment eux-mêmes de préférence à tout, sont généralement blâmés, et on les flétrit, en quelque manière, en leur donnant le nom d'égoïstes. Il est bien vrai que le méchant ne voit, pour ainsi dire, que lui-même dans tout ce qu'il fait, et qu'il se considère d'autant plus exclusivement qu'il est plus vicieux. Aussi lui reproche-t-on d'être incapable de faire une action noble et généreuse.*

Bien entendu, l'amitié pour autrui prend naissance dans l'amour de soi. Alors, cela signifie-t-il que l'amour d'autrui ne soit qu'une extension de l'amour-propre ? Nos relations avec autrui sont-elles essentiellement fondées sur la quête de notre propre bien ? Est-ce à dire que l'amitié envers l'autre ne serait finalement qu'une forme très élaborée et sophistiquée de l'égoïsme ? Je ne le crois pas. Balzac non plus ne le croyait pas et résumait ainsi son point de vue : « *L'égoïsme est le poison de l'amitié.* »

De quelque manière que ce soit, l'amitié parfaite ne se réduit pas à l'amour de soi. Rappelons qu'avec Aristote nous ne voulons pas seulement le bien d'autrui, nous agissons en vue de sa réalisation. Dans la mesure où autrui hérite d'un bienfait grâce à nous, nous en sommes les auteurs à l'instar d'un artiste face à son œuvre. L'amitié est comparable à la création d'une œuvre, c'est un peu une part de nous-mêmes que nous y retrouvons.

Avec son pessimisme bien connu, Schopenhauer critique cette passion en faisant remarquer que : « *L'égoïsme inspire une telle horreur que nous avons inventé la politesse pour le cacher, mais il perce à travers tous les voiles et se trahit en toute rencontre.* »

Nietzsche, quant à lui, sait combien la connaissance de soi veille sur l'amitié : « *Ils étaient amis, mais ils ont cessé de l'être, et ils ont en même temps rompu leur amitié des deux côtés, l'un parce qu'il se croyait trop méconnu, l'autre parce qu'il se croyait trop reconnu – et en cela ils se sont trompés tous deux ! –, car chacun ne se connaissait pas assez lui-même.* »

Comme nous aimons notre propre être dans l'amour de soi, de même c'est l'être d'autrui que nous aimons pour lui-même dans l'amitié. Nous aimons l'autre pour ce qu'il est profondément, nous l'aimons pour ce qu'il est lui-même de façon essentielle.

Aujourd'hui, nous vivons dans un monde où l'individualisme semble devenir la règle, une société dont la finalité semble être l'accumulation de biens matériels. Dans cet univers, les valeurs de compétition et de concurrence – si tant est que l'on puisse parler de valeurs – ont souvent remplacé les vertus d'entraide et de solidarité. La juxtaposition d'individus semble parfois avoir pris le pas sur la communauté des citoyens, à la recherche du bien commun et de l'intérêt général. Cette logique néolibérale est contraire à celle du don.

“

La société dans laquelle nous sommes nés repose sur l'égoïsme. Les sociologues nomment cela l'individualisme alors qu'il y a un mot plus simple : nous vivons dans la société de la solitude.

FRÉDÉRIC BEIGBEDER.

”

85

Un meilleur ami qui vous veut du bien

On dit, que celui qu'il faut le plus aimer est celui qui est le plus notre ami : et certes, notre ami le plus sincère, est celui qui ne nous veut du bien que pour nous-mêmes, (...). Or, c'est là précisément le caractère des sentiments que chacun a pour soi-même ; à quoi il faut joindre toutes les autres conditions qui entrent dans la définition de l'amitié.

Un ami est un autre moi-même en quelque sorte.

Évidemment, entre l'amour que j'ai pour moi-même et l'amour que j'ai pour mon ami, il y a analogie mais non identité. L'individu vertueux s'aime lui-même parce qu'il veut son propre bien, c'est-à-dire il souhaite atteindre la vertu. Il aime alors autrui pour lui-même en voulant son bien. Il s'agit ici, bien sûr, de l'amitié éminente qui ne concerne que les gens de bien dont la relation est fondée sur la vertu. Quand on aime un homme vertueux pour lui-même, on est assuré que cette amitié sera stable et durable.

Comme le sage aime vivre en intimité avec la meilleure part de lui-même, de même il recherchera la compagnie de son autre lui-même. En amitié, il doit y avoir réciprocité, si bien que les deux parties se perfectionnent mutuellement et s'entraînent réciproquement sur le chemin de la vertu. La réciprocité est parfaite, car elle se constitue aussi bien sur le plan des sentiments que de la raison, elle s'étend à la volonté et elle se joint à l'action.

« *C'est le partage des joies, et non celui des souffrances dans la compassion, qui fait l'ami* », nous dit Nietzsche.

Mais l'ami n'est-il pas justement celui sur qui l'on peut compter dans les moments difficiles ? Est-il un ami, celui qui refuserait d'aider et de soutenir son ami dans l'adversité ?

Non, mais il faut comprendre ce que le philosophe allemand tente de nous faire entendre ici. Si l'ami est seulement celui dont on a besoin, alors la relation qui s'établit n'est fondée que sur l'utilité. Là où la pensée de Nietzsche diverge de celle d'Aristote, c'est qu'il conçoit que l'amitié permet d'accorder deux joies qui demeurent disjointes.

Ailleurs, Nietzsche écrit encore : « *Mes frères, je ne vous conseille pas l'amour du prochain, je vous conseille l'amour du plus lointain.* »

C'est dans cette séparation et cet écart que l'amitié se recueille et se conjugue. Les amis, du fait qu'ils sont séparés, sont ensemble et plus proches que jamais. Il faut donc nuancer les propos du philosophe, d'autant qu'il a également écrit ceci : « *L'amour est aveugle. L'amitié ferme les yeux.* »

Et comme un écho à cette citation, celle de Joseph Joubert : « *Quand mes amis sont borgnes, je les regarde de profil.* »

Il y a bien çà et là, sur la Terre,
une espèce de continuation de l'amour
où ce désir avide que deux personnes
ont l'une pour l'autre fait place à un nouveau désir,
à une nouvelle avidité, à une soif commune,
supérieure, d'un idéal placé au-dessus d'elles :
mais qui connaît cet amour ? Qui l'a vécu ?
Son véritable nom est amitié.

NIETZSCHE.

Le clin d'œil des auteurs

L'amitié est la frise de mon existence, ce qui en marquerait le bord, la marge, le tour, le prétexte et parfois le texte.

86

La vertu, le point d'orgue de l'amitié

D'où il faut conclure que l'homme vertueux doit nécessairement s'aimer soi-même ; car, en faisant de nobles actions, il ne saurait manquer d'en retirer de grands avantages, et d'en procurer aux autres.

Aristote pose la question : est-ce égoïste de s'aimer ? Il nous invite donc à distinguer la véritable *philautia*, l'amour de soi vertueux, de l'amour de soi égoïste, qui ne cherche généralement qu'à assouvir de manière immédiate certaines passions.

Avec qui allons-nous passer le plus clair de notre temps, si ce n'est avec nous-mêmes ? Il importe donc de s'aimer et de diriger notre amour vers la partie la plus noble de notre personne, à savoir la raison.

L'homme de bien est sans doute le plus égoïste de tous, mais son égoïsme est noble et constant.

L'homme vil, lui, sera le jouet de ses passions et sentiments contradictoires, il ne saura jamais exactement où il en est.

Pire encore, en pensant agir pour lui-même, il lui arrivera le plus souvent de se nuire.

L'homme de bien, au contraire, cultive un amour-propre noble, puisque c'est la raison qui le domine. Selon Aristote, ces hommes nobles mais égoïstes s'appliquent à pratiquer la vertu, et c'est en elle qu'ils trouvent le bonheur. Cette attitude, idéalement, finit par enrichir toute la communauté et à se communiquer à l'ensemble de la société. L'homme de vertu trouve ainsi son profit personnel, celui de ses amis et, plus largement, il rend service à la communauté.

On l'a vu, il existe trois sortes d'amitié. La plus ordinaire et la moins fiable est celle qui repose sur l'utilité, la deuxième est motivée par le partage de certains plaisirs et loisirs, et la troisième est celle qui doit être recherchée entre toutes, puisqu'elle consiste dans l'amitié vertueuse.

Dans l'amitié vertueuse, la fréquentation de nos amis est importante puisqu'elle instaure une habitude et des échanges réguliers. Elle permet de joindre l'utile à l'agréable et d'aimer ses amis non à cause du plaisir ou de la joie qu'ils nous procurent, mais pour eux-mêmes.

“

**La bonne amitié naît
lorsque l'on tient l'autre en grande estime,
plus grande que l'estime que l'on a de soi, lorsque,
de plus, on l'aime, mais moins que soi-même,
et lorsque enfin, pour faciliter les relations,
on s'entend à ajouter la douce apparence
et le fin duvet de l'intimité,
tout en se gardant sagement de l'intimité véritable
et de la confusion du moi et du toi.**

NIETZSCHE.

”

**Le clin d'œil des auteurs :
La contradiction**

L'amitié, c'est bien plus que le fait de partager les « plus grands plaisirs de la vie ». C'est aussi le plaisir de goûter le silence.

Un ami c'est comme un frère
On n'a pas besoin de parler
C'est comme la Méditerranée
La ligne d'horizon nacrée
Qui vous relie à l'univers.

87

Les 4 points cardinaux de l'amitié

Toutefois ces mêmes caractères semblent se rencontrer dans un grand nombre d'individus, et (même, d'ailleurs, chez ceux qui) sont peu dignes d'estime.

Ces caractères qui sont les quatre points cardinaux de l'amour de soi, de la *philautia*, Aristote nous les a énumérés : souhaiter faire du bien pour son ami ; souhaiter l'existence et sa conservation ; partager ses goûts ; partager ses joies et tristesses. Ces quatre qualités de la personnalité vertueuse se retrouvent dans l'amitié grâce à laquelle elles s'échangent et se fortifient.

On pourrait croire, nous dit Aristote, que ces quatre fondements se retrouvent chez tout le monde et même chez les gens de peu de probité. En réalité, il n'en est rien, nous explique-t-il. Les gens vils s'illusionnent sur des qualités qui leur font défaut. Ils pensent être dignes d'estime en recourant, par exemple, à la force ou à la tromperie. De fait, ils se mentent à eux-mêmes.

Ne se souhaitent-ils pas à eux-mêmes l'existence et la conservation de leur vie ? Non, bien au contraire, ils passent à côté de ce qui fait la vie et donnent priorité à ce qui va à l'encontre même de sa conservation.

Certes, ils peuvent être orgueilleux et égoïstes, avoir développé une bonne opinion d'eux-mêmes, mais tout cela n'est que poudre aux yeux. Ils ne sont ni estimables – donc en aucun cas dignes d'être estimés ni par eux-mêmes, ni par autrui – ni aimables – incapables de s'aimer eux-mêmes ni d'être aimés des autres. Chamfort nous livre l'une de ses maximes qui va dans le même sens : « *L'estime vaut mieux que la célébrité, la considération vaut mieux que la renommée.* »

Quant aux gens ordinaires qui ne connaissent pas les bienfaits de la vertu, ils errent dans la vie comme des âmes en peine, égarés par les chimères de la réussite, confondant les biens et le bien, l'amour et l'amour-propre, l'estime de soi et l'égoïsme, l'ego et l'égotisme, la personnalité et le narcissisme.

À ce sujet, Publius Syrus nous livre sa sentence : « *L'estime des hommes est un bien plus sûr que l'argent.* »

Les gens vils sont à l'égard d'eux-mêmes comme des faux-monnayeurs qui se prétendent ce qu'ils ne sont pas, et qui se corrompent en s'abusant sur la valeur de leurs actions. Bill Waterson[45] a certainement raison lorsqu'il nous prévient que « *L'estime de soi ne se conjugue pas au conditionnel.* »

---

45. William Boyd Watterson, né en 1958 à Washington D.C., est un peintre, scénariste et dessinateur de bande dessinée américain. Il est célèbre pour sa série de bande dessinée, *Calvin et Hobbes*, et a reçu le Grand prix de la BD d'Angoulème en 2014. La citation est tirée de cet ouvrage.

Aristote aurait sans doute recommandé que l'on conjuguât au présent, et à nul autre temps, le verbe estimer.

“

L'amour peut se passer d'estime, pas l'amitié

ARLETTY.

”

88

Ce qui semble bon pour soi n'est pas forcément bien

> *Ils (les hommes vils) sont peu d'accord avec eux-mêmes, ils désirent certaines choses, et ils en veulent d'autres, comme les intempérants ; préférant les plaisirs qui leur sont nuisibles, aux biens véritables, et qu'ils jugent tels. D'autres, par faiblesse ou par indolence, négligent de faire ce qu'ils croient être le plus avantageux pour eux (...).*

Ne pas être d'accord avec soi-même, oui telle est la difficulté de ceux qui ignorent les vertus de la *philautia* et de la *philia*. Ceux-là ne parviennent pas à savoir ce qu'ils veulent.

Ils volent de manière erratique, comme des papillons de nuit, et finissent par se brûler les ailes sur les illusions qui les fascinent et dont ils se lassent aussitôt.

Euripide déjà condamnait l'intempérance lorsqu'il écrivait : « *On aurait bien tort de se fier à la langue ; elle sait bien critiquer les pensées d'autrui, mais ne nous attire à nous-mêmes par son intempérance que d'innombrables ennuis.* »

Au bout de cette course effrénée, les hommes vils s'enivrent de fausses joies, de plaisirs artificiels, ils s'étourdissent de leur mensonge. Viendra toujours le moment de la désillusion.

Après la quête éperdue de leurs chimères, les voilà perdus. Après les désirs avides, reste le vide. Les voilà seuls, face à eux-mêmes. Ils se sont empressés, ils ont couru après les honneurs et les plaisirs, sans se rendre compte qu'en réalité ils couraient après leur ombre.

Incapables de tenir en place, de se poser, de réfléchir, ils se sont fuis. Leur mémoire ne leur est d'aucun secours et quand ils se retournent sur leur passé, ils ne voient que désolation et désertion. Loin de leur apporter du réconfort, les actes dont ils se souviennent leur rappellent leur pusillanimité, leur iniquité, leur indignité, leur égoïsme…

“

La vie, qui a en partage la tempérance, le courage, la sagesse, ou la santé, est plus agréable que celle où se trouvent l'intempérance, la lâcheté, la folie ou la maladie.

Platon.

”

89

Se mépriser jusqu'à en mourir

D'autres (hommes), après avoir commis un grand nombre d'actions criminelles, victimes de leur propre perversité, finissent par prendre la vie en horreur, et par se donner la mort.

Aristote précise que certains hommes, ayant émaillé leur existence de tant de mauvaises actions, de trahisons, de perfidies ou de délits, en viennent à prendre la vie en horreur et à mettre ainsi fin à leur jour. Le suicide en Grèce, on le sait, peut avoir, selon les situations et les individus, des motivations très diverses. Tout le monde, et Aristote mieux que quiconque, se souvient de Socrate buvant la ciguë.

Le suicide peut aussi bien être l'un des actes les plus nobles qui soient comme le père de la maïeutique s'en est fait le témoin, ou bien être un acte de grande lâcheté.

Le problème du suicide est une question qui parcourt toute l'Histoire de la philosophie morale. Les premiers à s'y être intéressés de très près sont les stoïciens qui considéraient que l'homme était libre de choisir de vivre ou mourir.

Ils parlaient de la mort libre avec beaucoup de calme. Se suicider revenait à peu près à quitter une pièce de théâtre, lorsque la pièce ne nous intéresse plus. Selon eux, la raison doit nous dicter s'il vaut mieux vivre ou mourir.

Épicure appuyait cette thèse sur ce syllogisme insolite : « *Quand nous existons, la mort n'existe pas et quand celle-ci existe, c'est nous qui n'existons plus.* » Il faut sortir du jeu lorsque nous n'y avons plus part. Si notre destin dicte à notre raison de mourir, il convient d'accepter ce décret en toute sérénité.

Cette idée, Sénèque la résume en écrivant : « *Tu ne dois pas vivre sous la nécessité car il n'y a aucune nécessité de vivre.* »

Dans l'Antiquité, les exemples de suicide sont nombreux. C'est Caton par exemple qui ne veut pas survivre à la liberté de la république, c'est Hannibal qui ne veut pas vivre prisonnier des Romains, c'est aussi Lucrèce ayant perdu l'honneur et sa virginité…

Le point de vue d'Aristote est beaucoup plus mesuré que celui des stoïciens. Pour lui, l'homme appartient à la patrie et à la cité, et il n'a pas le droit de les priver, par le suicide, de sa présence et de son activité.

En même temps, tant que la société idéale rêvée par Aristote n'existe pas, il est des circonstances qui peuvent sans doute justifier un tel acte.

Entre le timide acteur du cinéma muet, Charlie Chaplin, et l'ogre Churchill, est née une de ces amitiés les plus improbables qui soient. L'un sera le « plus grand acteur du monde » et l'autre le « plus grand homme d'État ». D'une part, un homme né dans les bas-fonds londoniens, et de l'autre, un fils de l'aristocratie anglaise. L'un est chétif et facétieux, l'autre est un monstre, un ogre qui brûle la vie.

Ce qui relie ces deux êtres et le fil principal de leur amitié est un sujet délicat : le suicide. Oui, Churchill souffrait réellement de dépression. « The black dog » (comme il l'appelait) incarnait pour lui la tentation du suicide, qu'il combattait à grands coups d'alcool, tandis que le Charlot de la planète entière lutta toute sa vie, lui aussi, contre ce sombre sentiment. Ces deux Anglais de génie font le serment de se secourir et de se soutenir, chaque fois que l'un ou l'autre sera la proie du dangereux sentiment du suicide, chaque fois que le « chien noir », viendra les attaquer de ses griffes monstrueuses. « *Nous promettons que chaque fois que l'un de nous deux aura besoin d'aide, l'autre viendra à son secours toutes affaires cessantes, peu importe dans quel endroit du monde il se trouve !* », assurait le Premier ministre anglais.

Ils se rencontrèrent ponctuellement, entre 1929 et 1956, à New York, en Californie ou à Londres, avec toujours beaucoup d'amitié. Churchill le décrivait comme « *un comédien merveilleux, bolchévique en politique, délicieux en conversation* ». Ils se rejoindront – l'Histoire en est témoin – dans leur lutte contre le nazisme : Churchill par les armes et la politique, Chaplin par l'humour avec son film *Le Dictateur*, parodiant Hitler, en 1940.

“

**Dieu nous donne assez de congé
quand il nous met en tel état que le vivre nous
est pire que le mourir.**

Montaigne.

”

90

Regrets éternels

Leur âme (aux personnes viles et inconstantes) est, pour ainsi dire, un théâtre de dissensions : d'un côté, en proie à des sentiments de tristesse, parce que [malgré leurs coupables désirs] ils se voient forcés de s'abstenir de certaines choses ; et, de l'autre, éprouvant de la joie : déchirée et comme tiraillée, tantôt par ici, et tantôt par-là, parce qu'en effet, il est impossible d'avoir à la fois du plaisir et de la peine ; que bientôt elle s'afflige de ce qui lui avait causé de l'enivrement, et qu'elle voudrait que ces sujets de joie n'eussent jamais existé pour elle.

Comment peut-on prétendre à la concorde et à la sérénité, si l'on ne s'aime pas soi-même ?

Si des désirs et des aspirations contradictoires se livrent un combat incessant dans notre esprit, comment peut-on trouver la paix et le repos ? Comment peut-on considérer l'autre, si l'on est incapable de se connaître un peu ?

Comment avoir de l'estime pour autrui si l'on n'en possède pas pour soi-même ? Comment accueillir l'autre et l'aimer, si on est inapte à s'aimer tout d'abord ? Comment porter attention à autrui si l'on n'en a pas pour soi-même ? Comment vouloir faire connaissance avec autrui si on ne se connaît pas soi-même ?

Autant de questions ou plutôt d'impasses, que dénonce Aristote.

François de La Rochefoucauld ne nous conseille-t-il pas, en cette matière : « *Il y a une inconstance qui vient de la légèreté de l'esprit ou de sa faiblesse, qui lui fait recevoir toutes les opinions d'autrui, et il y en a une autre, qui est plus excusable, qui vient du dégoût des choses.* »

Le présent, pour les hommes vils, on l'a vu, est un perpétuel désenchantement. Quant à l'avenir, ils sont bien incapables de le regarder, tant leur horizon est bouché. Ils sont à ce point désorientés qu'ils sont dans l'incapacité de cerner ce qui est bon pour eux.

Ce genre d'homme n'inspire aucune confiance, car il a perdu la sienne. Il ne suscite aucune estime, car il n'en pas pour lui-même.

Émily Brontë nous rappelle l'importance de la constance dans le sentiment d'amitié : « *L'amour est comme l'églantine sauvage, l'amitié est comme le houx. Le houx est sombre lorsque l'églantine est en fleur, mais lequel fleurit avec le plus de constance ?* ». Et puisqu'il est question d'églantine, je ne résisterai pas à citer Fabre d'Églantine sur le même sujet : « *C'est peu d'aimer, il faut aimer toujours : on n'est heureux qu'à force de constance.* »

“

Le sentiment de la fausseté des plaisirs présents et l'ignorance de la vanité des plaisirs absents causent l'inconstance.

PASCAL.

”

Le clin d'œil des auteurs

L'écriture nous fraye un chemin qui raye nos différences en chemin.

91

Jamais content, jamais constant

Le méchant, au contraire, ne doit pas s'aimer lui-même ; car, en s'abandonnant à de viles passions, il nuira infailliblement à ses propres intérêts, et à ceux des personnes qui auront quelques rapports avec lui.

Le méchant, comme dit Aristote, est égoïste dans un sens péjoratif. Il garde pour lui-même les plus grands honneurs et les richesses. Il fait preuve d'une véritable dévotion à l'égard de l'argent, et son but est d'accumuler les biens matériels, en délaissant les biens immatériels et spirituels. Son objectif est de satisfaire ses désirs et ses passions.

La *philia*, peut-on lire dans l'*Éthique à Nicomaque*, se distingue de la simple affection (*philesis*) et de la simple passion (*pathos*) en ce qu'elle est un choix. Dans l'amour de soi égoïste, c'est un peu le chacun pour soi qui prédomine alors que dans l'amour de soi authentique, l'amitié que l'on a pour soi est distributive.

D'un côté, se trouvent ceux qui entrent en compétition pour s'accaparer les biens, les honneurs et les richesses et, de l'autre, les hommes vertueux où chacun agit pour aboutir à ce qui est moralement beau.

Ce qui résulte de ce type de compétition vertueuse est favorable pour tous, car cette émulation bénéficie non seulement à chacun des deux amis – elle les enrichit mutuellement – mais aussi à la communauté entière et donc au bien commun. S'aimer soi-même, en ce sens, c'est être utile à soi-même, à son ami et plus généralement aux autres.

"

Quand tu donnes, tu perçois plus que tu ne donnes, car tu n'étais rien et tu deviens.

Antoine de Saint-Exupéry.

"

Coup d'œil étymologique

Pathos est dérivé du verbe *pathein* qui signifie souffrir, pâtir ou éprouver. En grec, ce mot signifie maladie, affection mais aussi passion dans le sens des sentiments qui affectent l'âme. Quant à pathétique, l'adjectif est attesté à la fin du XVIe siècle et il évoque ce qui est relatif aux passions.

92

Compter au nombre des amis

Au reste, il n'est guère plus possible d'être uni avec plusieurs personnes à la fois, par les liens d'une amitié parfaite, qu'il ne l'est d'avoir de l'amour pour plusieurs personnes en même temps. (...)

Aristote pense que l'amitié essentielle demeure quasi exclusive, du fait qu'il faut lui consacrer du temps. La *philia* fondée sur la vertu se rencontre rarement. Elle doit se réaliser en acte. Pareil sentiment doit s'éprouver et se prouver dans la vie réelle par l'expérience.

L'amitié ne peut pas se contenter d'être déclarative, elle doit être performative. Elle se parfait grâce à un commerce régulier entre les deux amis, grâce à des échanges réguliers.

En revanche, nous précise le philosophe, rien ne nous empêche d'avoir plusieurs amitiés accidentelles, moins exigeantes et moins absolues, qui s'établiront sous le rapport de l'agrément ou de l'utilité. Moins durables et moins constantes, ces amitiés accidentelles pourront même être fort nombreuses, car il est possible de se concilier la bienveillance de bon nombre de gens.

“

Avoir trop d'amis,
c'est n'avoir aucun véritable ami.

Amy Softpaws[46].

”

46. Née en 1992, Amy Softpaws est une romancière. Elle a publié récemment, *First Love : Le véritable amour*, Évidence Éditions, 2018.

93

Avoir trop d'amis, c'est n'en avoir aucun

> *Mais faut-il s'attacher le plus grand nombre possible d'amis ? Ou bien, peut-on appliquer aussi à l'amitié, ce qui a été dit par un poète, des liaisons d'hospitalité : « N'en point avoir beaucoup, n'en être pas entièrement dépourvu, » et dira-t-on pareillement cela des amis ? C'est sans doute aux amitiés fondées sur l'utilité, que ce qu'on vient de dire paraît plus applicable.*

Émile Benveniste[47] nous rappelle que, dans son sens premier, *philos* renvoie d'abord à des rapports d'hospitalité et de réciprocité avec un étranger. Ces rapports, il les analyse en termes de dons, contre-dons et alliances matrimoniales. Quant à Aristote, il rattache ce type d'amitié à une amitié basée sur l'utilité.

47. Émile Benveniste (1902-1976) est un célèbre linguiste qui a produit des travaux de premier ordre dans les domaines de la grammaire comparée des langues indo-européennes et de la linguistique générale. Émile Benveniste, *Le Vocabulaire des institutions indo-européennes*, Tome I, Chapitre 5, Jean Lallot, Paris, 1969.

À ce propos, on peut s'étonner de l'amitié qui est née entre l'excentrique et surréaliste artiste espagnol, Salvador Dali, et Walt Disney, le créateur de dessins animés américain le plus célèbre d'Hollywood. Voilà une amitié qui s'est d'abord établie sur l'utilité, sur la possibilité d'une collaboration qui n'eut finalement jamais lieu de leur vivant.

Ils se rencontrèrent en 1945, afin de collaborer sur un court-métrage d'animation, *Destino*, qu'ils définissaient chacun de façon bien différente : « *C'est une vision magique de la vie au travers du labyrinthe du temps* », expliquait Dali, tandis que Walt Disney y voyait une « *histoire simple à propos d'une jeune fille à la recherche du grand amour* ».

Ils n'arrivèrent jamais, loin s'en faut, à accorder leur point de vue artistique respectif et le projet ne put aboutir même si, en 2003, à l'initiative du neveu de Walt Disney, le court-métrage *Destino* fut réalisé, réunissant ainsi les deux amis dans une œuvre commune au-delà de leur mort.

Dans tous les cas, ils gardèrent un lien amical fondé, en premier lieu, sur leur collaboration professionnelle et, ensuite, sur une admiration mutuelle qui grandit au fil des années.

Ils se rendirent tour à tour visite, avec leur femme, envisageant même de réaliser ensemble un long-métrage sur Don Quichotte.

Le conservateur de l'exposition *Disney et Dali* nous livre une explication : « *Dali était plus influencé par Freud, et Walt*

Disney racontait des contes de fées qui puisaient leurs racines dans le subconscient. Leur travail avait donc les mêmes constructions culturelles. »

“

**Il est des amitiés circonspectes, qui,
craignant de se compromettre,
refusent des conseils dans les occasions difficiles,
et dont la réserve augmente avec le péril des amis.
Mais une amitié véritable ne connaît point
ces timides précautions.**

JEAN-JACQUES ROUSSEAU.

”

94

Quand l'amitié est à consommer avec modération

Il ne faut donc pas [beaucoup] de ceux-là (amis en vue de l'utilité) ; et quant à ceux qui ne peuvent servir qu'au plaisir, il en faut bien peu, comme il faut peu d'assaisonnement dans les aliments.

Au Japon, certains louent des amis pour combler leur solitude ou pour faire bonne figure en société. Lorsque l'amitié devient elle-même une valeur marchande, un service payant, il y a lieu de s'interroger sur le degré de dévoiement d'une telle valeur. Vouloir un ami à tout prix est une chose, « louer » un ami à tous les prix, c'est encore autre chose.

À l'heure de l'internet marchand et des réseaux sociaux, certains Japonais, à la recherche d'amis, sont prêts à louer de tels services. Qu'à cela ne tienne, plusieurs agences de « location d'ami(e)s » ont vu le jour depuis huit ans, au pays du Soleil-Levant et de l'amitié déclinante.

Sorte de « Meetic » pour solitaires en quête d'amitié, ces sites vous promettent de trouver l'ami idéal, en fonction de vos critères : sexe, âge, look, activité, loisir, passion, circonstance… Vous choisissez l'heureuse ou l'heureux élu(e), la durée de la prestation (donc de la relation amicale), vous payez en ligne et le tour est joué !

Pour passer une journée en compagnie d'une « amie » ou d'un « ami », il vous en coûtera environ 250 euros. Pour une semaine de vacances, un tarif dégressif est tout de même prévu !

La majorité de la clientèle est constituée de jeunes adultes.

Afin d'étoffer leur cercle aux yeux de l'assistance, certains louent les services de ces « amis » pour un mariage. D'autres voient dans cette prestation l'occasion de pouvoir se confier à une personne inconnue, sans crainte d'être jugé. Ce type de commerce tend alors à ressembler à de la psychanalyse en libre-service.

L'hyperconnexion des jeunes aux réseaux sociaux et la virtualisation de leur vie sociale font des ravages et accentuent leur solitude. La marchandisation d'une vertu aussi essentielle que la *philia* pose un sérieux problème éthique. Nous voilà aux antipodes de l'amitié désintéressée d'Aristote.

“

Les hommes n'ont plus le temps de rien connaître.
Ils achètent des choses toutes faites chez des marchands.
Mais comme il n'existe point de marchands d'amis,
les hommes n'ont plus d'amis…

Antoine de Saint-Exupéry (*Le Petit Prince*).

”

Le clin d'œil des auteurs
Louée soit l'amitié

On peut se demander si une relation durable se produit de temps à autre dans ce type de « service de location d'ami(e)s ». Le scénario de *My Fair Lady* n'est pas éloigné de ce cas de figure, puisque le film se termine par un mariage ! Le concept a été adopté par un site, cette fois américain, « RentAFriend » où le client peut fixer son budget, en fonction des prestations dont il souhaite bénéficier de la part de cet(te) ami(e) potentiel(le). Ce site fonctionne par abonnement et a étendu ses activités à l'international. Confidentialité assurée. Si vous souhaitez vérifier la pertinence du concept, il vous suffit d'essayer ou de recommander ce site à un(e) ami(e). Mais est-ce vraiment une bonne idée ?

95

Les vrais amis se comptent sur les doigts de la main

Mais, des amis vertueux, faut-il s'efforcer d'en avoir le plus grand nombre possible, ou bien y a-t-il, en ce genre, une limite qu'on ne doive pas dépasser, comme il y en a une pour le nombre des citoyens d'une république ? Car dix hommes ne font pas une cité, et dix myriades n'en font plus une.

Aristote croyait qu'il y avait, dans le nombre des citoyens, une limite en deçà et au-delà de laquelle il était impossible qu'un état pût être sagement administré : « *Il semble que l'amitié fasse la cohésion des cités, et que les législateurs se préoccupent davantage de l'amitié que de la justice. La concorde semble en effet être quelque chose de similaire à l'amitié ; or les législateurs la recherchent au plus haut point et pourchassent au plus haut point la guerre civile, qui est une forme de haine. Et dès lors qu'on est amis, on n'a pas besoin de justice, tandis que les gens justes ont encore besoin d'amitié.* »

Il lui paraît difficile d'avoir en même temps beaucoup d'amis. Selon lui, avoir beaucoup d'amis reviendrait à n'en avoir aucun. Comment peut-on avoir un véritable ami, si on ne lui consacre pas du temps ? Comment prétendre accéder à l'amitié, si elle ne s'inscrit pas dans l'habitude ? Une amitié véritable, c'est une amitié pour la vie.

Comme toujours, Aristote préconise la mesure. À quoi sert d'avoir de nombreux amis, si l'on est incapable de leur accorder l'attention et le temps qu'ils méritent ?

L'amitié c'est un peu le contraire de la mondanité. Elle ne réclame ni le bruit, ni les honneurs, ni la notoriété. Elle se construit au contraire dans la discrétion, l'intimité et le partage.

Il est clair qu'un individu peut difficilement, matériellement parlant, allouer son temps de manière équitable à 50, 100, 200 ou même 1 000 autres personnes.

Du point de vue du philosophe athénien, on ne peut guère espérer avoir plus de trois ou quatre amis dans son existence. Oui les vrais amis se comptent sur les doigts de la main. Par association d'idées, on pourra citer à nouveau Diogène Laërce : « *Il faut tendre la main à ses amis sans fermer les doigts.* »

96

Se disperser sans compter nuit à l'amitié

> *Il est même difficile qu'on puisse s'associer aux plaisirs et aux peines de beaucoup de gens : puisqu'alors il faudra probablement se réjouir avec l'un, dans le même temps qu'on devra s'affliger avec l'autre. Peut-être donc vaut-il mieux ne pas chercher à avoir le plus grand nombre d'amis ; mais n'en désirer qu'autant qu'il est possible d'en avoir, quand on vit habituellement ensemble. Il semble, en effet, qu'on ne peut guère avoir un attachement bien vif pour un grand nombre de personnes.*

Vers l'an 100 après J.-C., Plutarque a rédigé un petit traité, *De l'inconvénient d'avoir trop d'amis*. Pour ce moraliste, l'amitié pouvait être source de peines et de désillusions. « *Le moins on a d'amis, le mieux c'est* », nous dit-il. Cette vision pessimiste était sans doute alimentée par la relative décadence des mœurs de l'Empire romain.

L'auteur déplore notamment le fait que l'on soit souvent trompé par ceux que l'on croyait connaître. Il faut dire que la plupart des petits traités écrits par Plutarque l'ont été à l'occasion de banquets, où l'on ne se privait pas de brocarder les uns et les autres. Difficile sans doute, dans un tel contexte, de construire des amitiés durables.

Deux auteurs romains se sont penchés de façon différente sur la question de l'amitié : Plutarque, dont nous venons de parler, et Sénèque. Il est remarquable de noter que deux autres grands auteurs et penseurs aient conçu, interrogé et vécu une amitié extraordinaire ; il s'agit de Michel de Montaigne et d'Étienne de La Boétie.

Pour comprendre Plutarque et Sénèque, rien n'est plus indiqué que d'écouter Montaigne, l'ami des livres, nous transmettre son enthousiasme, à propos de ces deux auteurs dans une leçon de littérature comparée, avant la lettre : « *Quant à mon autre leçon, qui mêle un peu plus de fruit au plaisir par où j'apprends à ranger mes opinions et conditions, les livres qui m'y servent c'est Plutarque, depuis qu'il est français (traduit en français), et Sénèque. Ils ont tous deux cette notable commodité pour mon humeur, que la science que j'y cherche y est traitée à pièces décousues, qui ne demandent pas l'obligation d'un long travail, de quoi je suis incapable : ainsi sont les opuscules de Plutarque et les épîtres de Sénèque, qui sont la plus belle partie de leurs écrits et la plus profitable.* »

Effectivement, l'auteur des *Essais* fait son miel des ouvrages de ces philosophes, au point même de reprendre à son compte des phrases entières de Plutarque. Rien de choquant car, durant la Renaissance, il était courant de s'appuyer sur des écrivains que l'on admirait sans nécessairement les citer.

En effet, le caractère épars et décousu de ces ouvrages convient parfaitement au format des *Essais* qui constituent une succession de réflexions soutenues par une philosophie plutôt stoïcienne d'inspiration, émaillées de références historiques et d'anecdotes.

Montaigne poursuit son panégyrique : « *Ces auteurs se rencontrent en la plupart des opinions utiles et vraies ; comme aussi leur fortune les fit naître environ au même siècle, tous deux précepteurs de deux empereurs romains, tous deux venus de pays étranger, tous deux riches et puissants. Leur instruction est de la crème de la philosophie, et présentée d'une simple façon et pertinente. Plutarque est plus uniforme et constant ; Sénèque plus ondoyant et divers : celui-ci se peine, se raidit et se tend pour armer la vertu contre la faiblesse, la crainte et les vicieux appétits ; l'autre semble n'estimer pas tant leurs efforts et dédaigner d'en hâter son pas et se mettre sur sa garde.* »

Montaigne finit par accorder une petite préférence à Plutarque : « *Plutarque a les opinions platoniques, douces et accommodables à la société civile ; l'autre les a stoïques et épicuriennes, plus éloignées de l'usage commun, mais, selon moi, plus commodes en particulier et plus fermes. (...) Celui-là vous échauffe plus et vous émeut ; celui-ci vous contente davantage et vous paie mieux ; il nous guide, l'autre nous pousse. (...) Or ceux qui écrivent les vies, d'autant qu'ils s'amusent plus aux conseils qu'aux événements, plus à ce qui part du dedans qu'à ce qui arrive au dehors, ceux-là me sont plus propres : voilà pourquoi, en toutes sortes, c'est mon homme que Plutarque.* »

En octobre 2020, un exemplaire des *Vies des hommes illustres* de Plutarque a été mis aux enchères à Bordeaux et vendu près de 30 000 euros.

Dans le monde grec, l'amitié se pare de nombreuses épithètes. C'est un concept bien plus étendu et plus varié que l'amour. Ainsi qu'on l'a vu, l'amitié pouvait être fondée sur l'utilité, le plaisir ou la vertu.

Comme le disait déjà Sénèque : « *Un bienfait est un service rendu par quelqu'un qui eût été libre, tout aussi bien, de ne pas le rendre.* »

“

Beaucoup d'amis sont comme le cadran solaire : ils ne marquent que les heures où le soleil vous luit.

Victor Hugo.

”

Le clin d'œil des auteurs
L'empathie

Début octobre 2020, la tempête Alex a dévasté, entre autres sites grandioses des Alpes-Maritimes, le village de Saint-Martin-Vésubie. Comme autant de cadeaux de Noël avant l'heure, de multiples élans de solidarité ont eu lieu. Grâce aux bénévoles et aux associations, des repas gratuits ont été distribués à tous, et des festivités collectives ont pu se dérouler. Mais ce qui est particulièrement touchant, c'est le don généreux d'un village de Bretagne qui a expédié une tonne de jouets pour tous les enfants ! Et c'est une véritable chaîne humaine qui s'est formée pour décharger le camion. Tous les mouvements d'empathie qui se sont spontanément manifestés ont démontré que, face à une catastrophe, la solidarité peut s'appliquer au plus grand nombre, dans le partage et l'émotion.

97

Jamais d'amitié à moitié

> *Il n'y a jamais d'amitié entière et parfaite entre plusieurs individus, et celles qui ont eu le plus de célébrité dans le monde, n'ont existé, comme on sait, qu'entre deux personnes ; au lieu que ceux qui ont de nombreux amis, et qui font à tout le monde un accueil amical et familier, passent pour n'être amis de personne.*

Dans un chapitre de ses *Essais* consacré à l'amitié, Montaigne écrit encore : « *Au demeurant, ce que nous appelons ordinairement amis et amitiés, ce ne sont qu'accointances et familiarités nouées par quelque occasion ou commodité, par le moyen de laquelle nos âmes s'entretiennent. En l'amitié de quoi je parle, elles se mêlent et confondent l'une en l'autre, d'un mélange si universel qu'elles effacent et ne retrouvent plus la couture qui les a jointes. Si on me presse de dire pourquoi je l'aimais, je sens que cela ne se peut exprimer, qu'en répondant : "Parce que c'était lui, parce que c'était moi."* »

Michel de Montaigne souscrit à la même idée qu'Aristote, à savoir, que l'on ne peut pas prétendre avoir de nombreux amis. Il est encore plus radical que le philosophe athénien, car, pour lui, on ne disposerait que d'un seul véritable ami. Pour Montaigne, l'amitié est exclusive.

« *C'est un grand miracle de se doubler* », nous dit-il. Ayant perdu son ami, il tentera d'en retrouver son « alter écho » en écrivant les *Essais* : « *Il y a, au-delà de tout mon discours, et de ce que j'en puis dire particulièrement, je ne sais quelle force inexplicable et fatale, médiatrice de cette union. Nous nous cherchions avant que de nous être vus, et par des rapports que nous entendions l'un de l'autre, qui faisaient en notre affection plus d'effort que ne porte la raison des rapports, je crois par quelque ordonnance du ciel ; nous nous embrassions par nos noms.* » Finalement, les *Essais* sont aussi le témoignage poignant d'une amitié qui se survit et s'exprime par-delà la mort.

Néanmoins, il reste une question, une énigme au cœur de cette amitié. En août 1563, sur son lit de mort, La Boétie remet ses œuvres à son ami Montaigne, en lui donnant pour mission de les éditer. Fauché par la peste à 32 ans, le jeune La Boétie n'a pas eu le temps de se charger de les faire connaître. Pourtant, Montaigne ne publiera jamais l'œuvre de son ami, *Le Discours de la servitude volontaire*. Trahison posthume ou ultime témoignage d'amitié ? Sans doute ni l'un ni l'autre.

Montaigne avait en effet le projet d'insérer l'intégralité du *Discours* de La Boétie dans la publication de ses *Essais*. C'était là, à l'intérieur d'un même ouvrage, l'occasion de faire dialoguer son texte avec celui de son ami. Il ne pourra pas honorer sa promesse, ni réaliser son projet d'être édité avec son ami, car il a été pris de vitesse quand une parution

« pirate » du discours de son ami a été imprimée et diffusée sous le manteau.

D'ailleurs, dans son chapitre des *Essais* consacré à l'amitié, Montaigne s'en explique :

« *Parce que j'ay trouvé que cet ouvrage a été depuis mis en lumière, et à mauvaise fin, par ceux qui cherchent à troubler et changer l'état de notre police, sans se soucier s'ils l'amenderont, qu'ils ont mêlé à d'autres écrits de leur farine, je me suis dédit de le loger ici.* »

Montaigne fut-il vexé d'avoir été devancé de deux ou trois ans par l'anonyme[48] auteur des *Mémoires de l'État de France sous Charles IX* ? Ou bien fut-il contrarié de voir que le texte de son ami avait été détourné de sa vocation originelle pour venir alimenter un ouvrage qui, entre autres, critiquait la politique de Charles IX et notamment le massacre de la Saint-Barthélemy ?

---

48. En 1574, un court extrait du *Discours* de La Boétie, fut transformé et incorporé dans un pamphlet anonyme qui appelait à la sédition au lendemain du massacre de la Saint-Barthélemy. Trois ans plus tard, en 1577, le *Discours* fit l'objet d'une seconde récupération au service de la cause protestante. C'est un certain Simon Goulart qui va les publier dans les *Mémoires de l'État de France sous Charles IX* et donner ainsi une véritable visibilité au *Discours* de La Boétie.

“

Chacun se dit ami ; mais fou qui s'y repose :
Rien n'est plus commun que ce nom,
Rien n'est plus rare que la chose.

Jean de La Fontaine.

”

Le clin d'œil des auteurs
Les apparences sont parfois trompeuses

Si tel(le) ami(e) désire votre amitié en exclusivité, ouvrez vite les yeux sur ses motivations profondes qui ont pour origine la possessivité. Toutes les preuves vous seront données, toutes vos questions trouveront une réponse. On sera à vos petits soins. Un souhait exprimé ? Vite, une solution pour le réaliser. Cet(te) ami(e) si prévenant(e) en apparence, se révélera en réalité profondément égocentrique, car toute son entreprise aura pour but de vous isoler et d'écarter de vous ceux qui vous aiment. Attention danger !

98

L'amitié, une (é)preuve d'artiste ?

> *Celui qui a produit une œuvre existe donc, en quelque manière, par l'exercice de son activité : aussi aime-t-il son ouvrage par la même raison qui lui fait aimer l'existence. C'est là l'impulsion de la nature : car ce qui existe en puissance, l'œuvre le manifeste, ou l'exprime, par le développement de l'activité.*

Un autre point de comparaison essentiel entre l'amitié et l'œuvre, c'est l'action. Pour Aristote, le fait de réaliser en acte l'amitié est fondamental. Il n'existe pas d'amitiés passives ou alors elles sont accidentelles et non essentielles.

Ce qui fait également l'excellence de la création et de la *philia* des parents, à l'égard de leurs enfants, celle du père et encore davantage celle de la mère, c'est qu'elles permettent de donner la vie à une œuvre. Donner la vie à son enfant ou donner vie à une œuvre, voilà un acte qui est des plus éminents. Cela est d'autant plus vrai que cet acte est marqué par un désintéressement radical. Il s'agit même d'une *philia* sans réciprocité, en tout cas sans réciprocité immédiate.

La relation d'un bienfaiteur à son obligé, nous dit Aristote, est un peu comparable à celle du père ou de la mère à ses enfants, ou encore à celle de l'artiste face à son œuvre. Dans chacun de ces cas, celui qui agit pour produire éprouve un profond attachement, quasi univoque pour son œuvre.

Lorsqu'il écrivit ce passage, il est possible qu'Aristote ait eu à l'esprit le mythe de Pygmalion. Roi et sculpteur de talent, célibataire détestant les femmes, il sculpte dans l'ivoire une femme d'une extraordinaire beauté. Il tombe amoureux de son œuvre. Souffrant de ce que la statue reste insensible à ses caresses et à ses baisers, il ne peut se résoudre à ce que son œuvre ne soit pas de chair. Il supplie alors Aphrodite, la déesse de l'amour et de la beauté, d'intercéder en sa faveur, afin de donner vie à sa statue. Aphrodite exauce son vœu. En présence de la déesse, il épouse sa statue qui ayant pris vie, se nomme Galatée.

À ce sujet, le mot d'esprit d'Alfred Jarry n'excuse pas pour autant son sexisme : « *Ô le désespoir de Pygmalion, qui aurait pu créer une statue et qui ne fit qu'une femme !* » On pourrait lui rétorquer que la vie est éphémère et que l'œuvre demeure. De nos jours, de tels propos seraient fort remis en place !

L'artiste entretient souvent des relations complexes avec son œuvre. À l'instar de Pygmalion, certains refusent de s'en séparer. Cela peut aller de l'incapacité à dévoiler son œuvre au public, au refus de la vendre et, parfois même, conduire l'artiste à détruire son travail dans un geste iconoclaste.

“

Il faut se conduire comme si on était au ciel, où il n'y a pas de voiture de troisième classe et où une âme en vaut une autre.

BERNARD SHAW DANS *PYGMALION*.

”

Clin d'œil étymologique

Pygmalion : nom construit à partir de la racine « *pugmé* » (ou *pygmé*), qui au sens propre, signifie « poing » ou « boxe ». En français, on retrouve ce motif dans « pugilat » et dans « pugnacité ». Dérivé du précédent, le terme « pugmaïos » signifie d'abord « gros comme le poing », c'est-à-dire « petit » puis « nain » et, bien sûr, « pygmée » désignant un peuple d'hommes de petite taille. Formé sur la même base, cet autre mot, « Pugôn », définit une mesure de longueur, proche de la coudée (50 cm), représentant la distance allant du coude jusqu'au poing. Selon la légende, Pygmalion aurait été roi de l'île de Chypre. Il serait le père d'Adonis, dont le nom en phénicien aurait été « Pygmaiôn ». Pygmalion inscrit dans son nom la notion du poing qui est évidemment l'instrument du sculpteur.

99

L'amour de sa création, miroir des sentiments

C'est aussi le sentiment qu'éprouvent les artistes ; car il n'y en a aucun qui n'aime l'ouvrage sorti de ses mains, plus qu'il n'en serait aimé lui-même, en supposant que ce produit de l'art vint à recevoir le sentiment et la vie. C'est peut-être chez les poètes que cela se remarque plus particulièrement ; car ils ont communément pour leurs poèmes la tendresse passionnée qu'un père a pour ses enfants. Or, c'est à peu près là le cas des bienfaiteurs ; car l'obligé est, pour ainsi dire, leur ouvrage, et ils le chérissent plus que l'ouvrage ne chérit celui à qui il doit l'existence.

Lorsqu'il réalise un bienfait, le bienfaiteur est un peu comme l'artiste qui produit une œuvre et en est profondément épris. Dans un cas comme dans l'autre, l'un et l'autre aiment leur création, car elle est une expression intime de ce qu'ils sont, une sorte de prolongement de leur être. En portant leur amour sur autrui ou autre chose qu'eux-mêmes, ils le portent en même temps sur eux et (se) grandissent ainsi.

Comme le souligne Charles-Félix-Hyacinthe de Charencey : « *Les défauts de notre bienfaiteur nous servent plus souvent de prétexte pour lui refuser notre reconnaissance que de motif pour repousser ses bienfaits.* »

Il existe de nombreux points communs entre la création artistique et la *philia* que l'on a pour un ami, ou encore celle du père et de la mère pour leurs enfants.

En premier lieu, comme l'auteur aime son œuvre, celui qui aime son ami l'aime sans restriction. On ne peut pas aimer seulement tel ou tel trait de caractère de son ami, on l'aime dans son ensemble, pour ce qu'il est dans sa totalité. De même, l'artiste est attaché à son œuvre en tant qu'elle est achevée.

En second lieu, à l'instar de l'œuvre qui est un miroir de l'artiste, l'ami me renvoie à moi-même. Plus encore, elle est une sorte de prolongement de mon moi et de mon être, tout comme l'ami me confère une augmentation de mon être, une extension de moi-même.

En troisième lieu, un véritable ami est un peu le gardien de ma postérité, tout comme l'œuvre qui me survit. Comme l'ami, elle poursuit sa vie indépendamment de moi, tout en témoignant de qui je suis.

En quatrième lieu, comme l'amitié, l'œuvre est durable et source de bonheur.

En cinquième lieu, semblable à la production artistique, l'amitié, me permet de mieux me connaître moi-même et aussi de mieux me réaliser.

La créativité est un phénomène étrange, et ceci dans tous les domaines artistiques. En littérature, écrire est un acte d'amour en même temps qu'un prolongement de soi. La création qui s'impose à nous comme une évidence semble s'affranchir relativement de son auteur jusqu'à prendre une certaine autonomie.

Il advient qu'en commençant l'écriture d'un roman, certains personnages imprévus surgissent, prennent vie, sans y avoir été invités, viennent se glisser, dans la trame du scénario. L'auteur(e) se trouve alors dans l'obligation de les suivre dans un parcours qui lui échappe et donne naissance à d'autres rebondissements, d'autres paysages.

Et voilà de nouvelles aventures entraînantes, qui viennent se greffer au thème principal. Guidé(e) par son imaginaire, l'auteur(e) tisse un lien d'amitié qui complète le narcissisme du prolongement de soi, et qui s'installe dans le temps jusqu'à la dernière page.

"

Je sens qu'il n'y a rien de réellement artistique que d'aimer les gens.

VINCENT VAN GOGH

"

Le clin d'œil des auteurs
L'amitié contre toute attente

Pour défendre son œuvre, un artiste peut être prêt à aller jusqu'à la mort. Pour exemple, *Green Book*, très beau film biographique américain, sorti en 2018 et qui a reçu de nombreuses récompenses. Il raconte l'histoire d'une amitié improbable, lors d'une tournée musicale dans les États du Sud de l'Amérique. Acteur blanc, d'origine italienne, en période de dèche, à l'affût d'un petit job pour nourrir femme et enfants, Anthony Vallelonga, dit « Tony Lip », accepte en 1962 et pour quelques semaines, de devenir chauffeur et garde du corps de Don Shirley, pianiste compositeur noir et homosexuel qui, en acceptant cette tournée, savait mettre sa vie en danger. À chaque détour de route, ségrégation raciale et homophobie, contre notre musicien injurié, humilié, roué de coups et laissé pour mort. Cependant raciste et intolérant, Tony protégera son musicien au péril de son existence. La belle histoire d'une amitié qui ne faillira jamais par la suite. Et le courage d'un créateur pour sa création.

Notre clin d'œil en conclusion

Vincent Van Gogh était aussi un grand penseur et il nous a laissé un patrimoine de citations philosophiques qui viennent compléter, par le talent, par l'esprit et par le sentiment, son œuvre immense de peintre.

Si nous avons terminé cet ouvrage par une de ses citations, c'est parce que nous sommes de son avis, quand il écrit « *Je sens qu'il n'y a rien de plus artistique que d'aimer les gens.* »

Par l'écriture, par les mots, nous avons l'impression de nous rapprocher de celles et de ceux qui nous lisent, et de tisser un lien d'empathie avec notre public. Comme nous l'avons évoqué précédemment, la créativité est un phénomène étrange, et ceci dans tous les domaines artistiques. En littérature, écrire est un acte d'amour qui se présente à l'auteur comme un prolongement de soi, comme une évidence, comme un partage. La narration prévue, orchestrée, organisée rencontre souvent des idées nouvelles qui s'imposent de façon soudaine, extérieure, inattendue et arbitraire. Elles sont volatiles, d'où l'astuce de placer un petit carnet sur la table de nuit !

Tou(te)s les auteur(s) le disent : la lecture et l'écriture sont une révélation, un moyen de communiquer avec l'univers, de s'immerger dans les siècles passés, de créer du rêve, du voyage, de la connaissance, de l'espace et du temps… Guidé(e) par son imaginaire, l'écrivain(e) tisse des liens d'amitié qui complètent le narcissisme du prolongement de soi, et qui s'installe dans le récit jusqu'au mot « fin ».

C'est pourquoi nous tenons à remercier Aristote pour le beau périple qu'il nous a offert au fil de ses pages sur l'amitié et qui, s'il existait aujourd'hui, mériterait bien des « likes » sur les réseaux ! Nous avons presque l'impression d'être devenus ses amis et nous avons tiré des enseignements personnels de ses citations dans l'*Éthique à Nicomaque*. Ce que nous avons appris de lui nous a permis de faire un tour d'horizon dans le cercle de nos ami(e)s, et d'enrichir notre regard sur ceux que nous aimons. Et sur nous-mêmes, (couple d'auteurs en recherche permanente d'unité et de pluriel), sur le lien qui nous unit.

« *Ni vous sans moi, ni moi sans vous*[49]. » (Marie de France)

49. Françoise Morvan, traduction, présentation et notes des *Fables de Marie de France*, Babel-Actes sud, 2010.

Les auteurs

Unis dans la vie comme en littérature, Sonia et Christophe placent leurs sentiments à la croisée de leur écriture. Paroliers, scénaristes, auteurs de romans, d'essais, de recueils de poèmes, ils aiment à se considérer comme une artisane et un artisan devant l'inépuisable magie des mots, qu'ils utilisent dans toutes leurs dimensions.

Écrire étant leur passion, ils en ont fait leur métier, en consacrant leur vie professionnelle à la publicité, d'abord en tant que concepteurs-rédacteurs, puis en tant que directeurs de communication/création. Auteurs et créateurs de *Juliàn et Lola ou l'automate amoureux*, une pièce de théâtre musical, dont ils ont écrit les paroles, ils aiment ainsi se trouver ensemble devant la page blanche… Ils animent également des débats, des conférences et des séances de lecture.

Leurs publications

Sonia :

– *La Vie baroque du Baron Pfaff*, un roman historique paru aux Éditions Les Déjeuners sur l'herbe.

– *Les Crustacés sont de sortie*, un album jeunesse avec un CD, en autoédition.

– Sous son pseudonyme Armance Roger, *Petits récits des fifties* chez L'Harmattan, Collection Rue des Écoles, Littérature.

En cours d'édition : un conte jeunesse et un roman autofictionnel.

Christophe :

– *Les Semences de mes mains*, aux Éditions de Saint-Germain-des-Prés.

– *Le Dîner philo ou l'art de vieillir*, aux Éditions Tituli.

– *Monstres et héros de la mythologie grecque*, chez Verte Plume (Jeunesse).

– *Le Majestic Palace Hôtel*, aux Éditions Tituli.

En cours d'édition : un roman imaginaire, à la fois humoristique et philosophique.

À quatre mains :

– *Droit de cité*, poèmes illustrés par Gérard Haton-Gauthier, aux Éditions Les Déjeuners sur l'herbe.

– *Alpha-Baie*, recueil d'haïkus illustrés par Hélène Favier, Éditions Les Adex.

La Cocotte aux golden cocos (*La Poule aux œufs d'or*), 35 Contes et fables de notre enfance traduits en argot, Éditions de l'Opportun.

En cours de publication et à quatre mains aux Éditions de l'Opportun : un ouvrage linguistique sur les curiosités de la langue française : les jurons et les interjections.

Imprimé en France en mai 2021
par Normandie Roto Impression s.a.s.
61250 Lonrai
N° d'impression : 2102302
ISBN : 9782380152760
Dépôt légal : mai 2021